자바 람다 배우기

자바 람다 배우기

람다에 대해 이해하고 활용하기

토비 웨슨 지음

조승진 옮김

지은이 소개

토비 웨슨 Toby Wetson

최신 소프트웨어 개발, 그중에서도 함수형 객체지향 프로그래밍, 애자일, 린의 베스트 사례들을 전문으로 한다. 『Essential Acceptance Testing』(2013)을 저술했고, 정기적으로 블로그에 글을 올리면서 때로는 잡지에도 기고한다.

15년 넘게 소프트웨어 산업의 일원이었고 자신이 하는 일을 사랑한다. 소프트웨어 개발에 대해 말하고 쓰는 것과 온라인으로 자신의 경험을 공유하는 것을 좋아한다.

| 옮긴이 소개 |

조승진(cho.seungjin@gmail.com)

미국과 한국을 거쳐 일본에서 개발자로 근무 중
이다. 자바, 자바스크립트, 파이썬, 클로저, 분
산 컴퓨팅, 함수형 언어, 알고리즘 등 소프트웨
어 기술 전반과 그 문화에 많은 관심을 가지고
있다. www.tacogrammer.com에서 여러 가지
생각을 적고 있다.

최근 들어 많은 수의 개발자들이 자바로 작성된 기존 프로젝트들을 버려야 할 것으로 취급하며 자바를 무시하는 경우를 많이 봤다. 이처럼 자바스크립트나 파이썬과 같이 동적 언어로 개발을 시작한 많은 개발자들에게 자바는 인기 있는 언어가 아닌 것 같다.

앞서 언급한 언어들은 모두 각 분야에서 뛰어난 언어임에 틀림없지만, 무조건적으로 특정 언어를 불호하는 것은 오해에서 비롯됐다고 생각한다. 선입견의 대부분은 목표를 달성하기 위해 소프트웨어 원칙을 지키지 않거나, 올바르지 않은 설계를 사용해 개발된 결과물을 접했기 때문이라 예상한다. 한마디로 그런 조직에서는 어떤 언어를 사용했다 하더라도 비슷한 비난을 피하긴 힘들었을 것이다.

자바는 다양한 플랫폼을 지원하는 동시에 많은 수의 개발자들이 다룰 수 있는 현존하는 가장 강력한 언어 중 하나임이 분명하다.

사용하는 곳이 늘어날수록 하위 호환을 지키는 것이 중요해졌기 때문에 빠른 속도로 새로운 기능을 추가하기가 어려웠고, 이것이 비난받는 원인이라 생각한다. 하지만 자바 역시 살아남기 위해 꾸준히 노력해왔다. 최근에 나타나는 그 대표적인 변화 중 하나가 람다다. 이미 람다가 출시된 지 몇 년이 지난 터라, 많은 개발자들이 실제 현장에서 람다를 즐겨 사용하는 것을 볼 수 있다. 하지만 람다는 단순히 컬렉션을 편리하게 다루기 위한 도구라기보다는 함수형 언어의 장점을 가져오길 원했던 자바 커뮤니티의 희망이 이뤄진 것이었고, 문법이 장황해 비판받았던 자바에게는 틀림없이 오아시스 같은 존재다.

개인적으로는 자바보다도 JVM 측면의 변화에 더 주목해야 한다고 생각한다. 많은 사람들이 자바의 미래에 대해 회의적이지만 JVM이 끝까지 살아남게 될 것이라는 데는 대체로 동의한다. JVM 위에서 돌아가는 언어는 클로저, 스칼라, 그루비 등이며, 그 인기와 영향력이 나날이 높아지고 있다. JVM의 이런 인기는 속도를 중시하는 애자일이나 린 방법론을 사용하는 조직에서 기기 호환성을 지켜가며 높은 생산성을 보이기 때문이다.

자바 언어의 창시자인 제임스 고슬링도 이런 주장에 힘을 보탰다.

"많은 사람들이 자바에 대해 주목하고 있는 상황에서 내가 이런 말을 하는 것은 다소 이상할 수도 있지만, 나는 자바에 대해 크게 신경 쓰지 않는다. 자바 에코시스템의 핵심은 바로 JVM이기 때문이다."

이런 상황은 결과적으로 람다와 그 작동 원리를 JVM 수준에서 설명하는 이와 같은 책들을 더욱더 소중하게 만든다. 이 책을 통해 얻을 수 있는 지식들이 실무에 바로 적용 가능한 것들은 아니지만, 대학교 시절의 '프로그래밍 언어론' 과목과 유사하게 각 언어들의 차이점에 대한 깊은 통찰을 제공함으로써 독자들로 하여금 단순한 코더가 아니라 철학을 가진 소프트웨어 엔지니어로서 성장할 수 있게 해주는 디딤돌이 될 것이다.

이 책을 번역하면서 많이 안다고 믿어왔던 내 자신에 대한 믿음이 깨졌고, 자바뿐만 아니라 함수형 프로그래밍 관련 지식까지 얻을 수 있어서 유익했다. 부디 독자들도 소중한 지식을 얻길 기원한다. 책의 내용 또는 번역에 관한 질문이나 의견은 개인 메일로 언제든지 환영한다. 책을 번역하는 동안 내 곁을 지켜준 가족에게, 특히 사랑하는 부인 예지에게 감사한다.

| 차례 |

▌ 이 책에서 다루는 내용

이 책은 람다와 함수형 인터페이스, 타입 추론처럼 람다를 지원하기 위한 기능들을 심도 있게 알아본다.

배우게 되는 내용은 다음과 같다.

- 최신 자바의 새로운 기능에 대한 개요
- 람다에 대한 심도 있는 내용과 그 배경, 문법, 상세 구현, 바람직한 적용 시점 및 방법
- 함수와 클래스의 차이점, 그리고 그것들과 람다의 관계
- 람다와 클로저 간의 차이점
- 다양한 새 기능들을 가능하게 하는 타입 추론에 대한 개선 사항
- 메소드 참조 사용법과 변수 범위에 대한 이해, 그리고 '유사 파이널effectively final'의 개념
- 람다를 사용해 생성된 바이트코드의 특징
- 람다를 사용할 때 고려할 수 있는 예외와 모범적인 예외 처리

▌ 준비 사항

이 책의 내용과 함께하기 위해 최신 버전의 JDK와 문서 편집기 또는 IDE가 필요하다.

▌ 이 책의 대상 독자

애플리케이션을 새로 개발하는 경우든, 기존 자바 프로그램을 최신 자바 스타일로 변경하는 경우든 상관없이 이 책은 자바 플랫폼에서 함수형 프로그래밍의 장점을 취할 수 있도록 도와준다.

▌ 편집 규약

이 책에서는 독자의 이해를 돕고자 다루는 정보에 따라 글꼴 스타일을 다르게 적용했다. 이러한 스타일의 예와 의미는 다음과 같다.

텍스트에서 코드 단어는 다음과 같이 표기한다. "이 리스프[LISP] 표현은 하나의 인자를 입력받아 arg에 바인딩하고 그것에 1을 더하는 함수를 평가한다."

코드 블록은 다음과 같이 표기한다.

```java
void anonymousClass() {
  final Server server = new HttpServer();
  waitFor(new Condition() {
    @Override
    public Boolean isSatisfied() {
      return !server.isRunning();
    }
  });
}
```

코드 블록에서 유의해야 할 부분이 있다면 다음과 같이 굵은 글꼴로 표기한다.

```java
void anonymousClass() {
  final Server server = new HttpServer();
  waitFor(new Condition() {
```

14

```
    @Override
    public Boolean isSatisfied() {
      return !server.isRunning();
    }
  });
}
```

화면상에 표시되는 메뉴나 버튼은 다음과 같이 표기한다.

"새로운 모듈을 다운로드하기 위해서는 Files ➤ Settings ➤ Project Name ➤ Project Interpreter
로 이동한다"

 경고나 중요한 노트는 이와 같이 나타낸다.

 팁과 요령은 이와 같이 나타낸다.

▌ 독자 의견

독자로부터의 피드백은 항상 환영이다. 이 책에 대해 무엇이 좋았는지 또는 좋지 않았
는지 소감을 알려주길 바란다. 독자 피드백은 앞으로 더 좋은 책을 발행하는 데 큰 도
움이 된다. 일반적인 피드백을 우리에게 보낼 때는 간단하게 feedback@packtpub.
com으로 이메일을 보내면 되고, 메시지의 제목에 책 이름을 적으면 된다.

여러분이 전문 지식을 가진 주제가 있고, 책을 내거나 책을 만드는 데 기여하고 싶다면
www.packtpub.com/authors에서 저자 가이드를 참조하길 바란다.

▌ 고객 지원

팩트출판사의 구매자가 된 독자에게 도움이 되는 몇 가지를 제공하고자 한다.

정오표

내용을 정확하게 전달하기 위해 최선을 다했지만, 실수가 있을 수 있다. 팩트출판사의 도서에서 문장이든 코드든 간에 문제를 발견해서 알려준다면 매우 감사하게 생각할 것이다. 그런 참여를 통해 그 밖의 독자에게 도움을 주고, 다음 버전의 도서를 더 완성도 높게 만들 수 있다. 오탈자를 발견한다면 http://www.packtpub.com/submit-errata를 방문해 책을 선택하고, 구체적인 내용을 입력해주길 바란다. 보내준 오류 내용이 확인되면 웹사이트에 그 내용이 올라가거나 해당 서적의 정오표 부분에 그 내용이 추가될 것이다. http://www.packtpub.com/support에서 해당 도서명을 선택하면 기존 정오표를 확인할 수 있다. 한국어판은 에이콘출판사 도서정보 페이지 http://www.acornpub.co.kr/book/java-lambdas에서 찾아볼 수 있다.

이전에 입력된 정오표를 확인하려면 https://www.packtpub.com/books/content/support로 이동해 책 이름으로 검색한다. 요청 정보는 정오표 아래에 표시될 것이다.

저작권 침해

인터넷에서의 저작권 침해는 모든 매체에서 벌어지고 있는 심각한 문제다. 팩트출판사에서는 저작권과 사용권 문제를 아주 심각하게 인식한다. 어떤 형태로든 팩트출판사 서적의 불법 복제물을 인터넷에서 발견한다면 적절한 조치를 취할 수 있도록 해당 주소나 사이트명을 알려주길 부탁한다.

의심되는 불법 복제물의 링크는 copyright@packtpub.com으로 보내주길 바란다. 저자와 더 좋은 책을 위한 팩트출판사의 노력을 배려하는 마음에 깊은 감사의 뜻을 전한다.

질문

이 책과 관련해 질문이 있다면 questions@packtpub.com으로 문의하길 바란다. 최선을 다해 질문에 답하겠다. 한국어판에 관한 질문은 이 책의 옮긴이나 에이콘출판사 편집 팀(editor@acornpub.co.kr)으로 문의해주길 바란다.

01

도입

이 책을 선택한 여러분을 환영한다.

자바는 버전 8에서 크나큰 변화를 겪였는데, 이는 주로 자바가 너무 구식이라는 인식 때문에 이뤄졌다. 자바 8은 현대의 함수형 언어들과 경쟁하기 위해 람다와 같은 프로그래밍 개념을 도입해 함수형 스타일을 더 잘 지원할 수 있도록 했다.

이 책은 람다와 그것을 동작시키기 위해 필요한 다양한 기능들을 간결하게 설명한다. 람다의 사용 예와 배경지식, 문법뿐만 아니라 함수형 인터페이스Functional Interface와 타입 추론Type Inference과 같은 관련 기능들도 설명할 것이다.

▌ 모던 자바로의 길

자바 8은 2014년 8월 이전 버전이 등장하고 나서 2년 7개월이 지난 시점에 공개됐다. 일정 지연과 기술적인 문제들로 홍역을 치뤘지만 마침내 자바 8이 공개됐을 때는 자바 5 이후로 가장 큰 변경 사항을 포함하고 있었다.

물론 그 변화의 중심에는 람다와 함수형 프로그래밍의 아이디어를 지원하기 위한 개선 사항들이 존재한다. 스칼라와 같은 언어들이 무대의 중심으로 떠오르고 함수형 언어들이 최신 트렌드가 되면서 자바도 그 트렌드를 따라잡기 위해 무엇이든 해야 했다.

자바는 함수형 언어가 아니고 그렇게 되지도 않을 테지만, 자바 8의 변경 사항들은 개발자들로 하여금 이전 버전보다 손쉽게 함수형 표현을 사용할 수 있도록 해줬다.

연습과 경험을 통해 서드파티 라이브러리의 도움 없이도 함수형 프로그래밍의 장점을 취하는 일이 가능해진 것이다.

모던 자바의 기능들

자바 8의 변화가 얼마나 컸는지 가늠하기 위해, 그리고 그 변화들이 왜 모던 자바에 도입됐는지 이해하기 위해 여기에 변경 사항들을 정리해뒀다.

- 람다 지원
- 컬렉션 API와 함수형 구조를 작성하기 위한 함수형 패키지를 아우르는 핵심 API들이 람다를 지원하도록 변경됐다.
- 함수형 스타일로 데이터를 처리하기 위한 스트림과 람다를 사용하는 완전히 새로운 API가 개발됐다. 예를 들어 스트림 API의 `map`과 `flatMap` 같은 함수를 사용하면 컬렉션 순회 방법을 외부 순회External Iteration에서 내부 순회Internal Iteration로 바꾸는 동시에 선언적인 방법으로 리스트를 처리할 수 있다. 결과적으로 이는 라이브러리 벤더들이 중요한 사항들에 집중하고 원하는 대로 프로

세싱을 최적화할 수 있게 해준다. 예를 들어 자바는 개발자가 세부 사항에 대한 걱정 없이 스트림을 병렬로 처리하는 방법을 제공한다.

- 핵심 API에 일어난 작은 변경 사항으로 `strings`, `collections`, `comparators`, `numbers`, `maths` 클래스를 위한 새로운 헬퍼 메소드가 추가됐다.

- 추가된 몇 가지는 개발자가 코딩하는 방법을 바꾸고 있는 중이다. 예를 들어 `Optional` 클래스는 점점 자주 사용될 것이며 널 값을 처리하는 데 더 나은 방법을 제공한다.

- 동시성 라이브러리에 여러 가지 개선 사항이 있었다. `CompletableFuture`, `ConcurrentHashMap` 클래스와 스레드 세이프한 어큐뮬레이터 클래스[1], 개선된 읽기 쓰기 락(StampedLock이라고 불리움), 워크 스틸링 스레드 풀[2]의 구현과 더 다양한 것들을 포함한다.

- 인터페이스에 정적 메소드를 추가하는 것이 가능해졌다.

- 디폴트default 메소드(아니면 디펜더 메소드 또는 버추얼 익스텐션이라고 알려진)가 추가됐다.

- 타입 추론이 개선됐고 람다를 더 잘 지원하기 위해 함수형 인터페이스와 메소드 참조 같은 개념들이 도입됐다.

- `Date`와 `Time` 클래스가 개선됐다(유명한 요다타임 라이브러리와 유사하게).

- `IO`와 `NIO` 패키지는 새로운 스트림 API를 사용해 IO 스트림할 수 있도록 변경됐다.

- 리플렉션과 어노테이션이 개선됐다.

- 자바 8에서는 완전히 새로운 자바스크립트 엔진이 도입됐다. 내시혼Nashhorn 이 라이노Rhino를 대체했는데, 이로써 더 빠른 속도로 ECMA스크립트를 지원할 수 있게 됐다.

---

1 누산기 – 옮긴이
2 병렬 프로그램에서 동시성을 처리하는 방법 중 한 가지다. 자세한 내용은 위키(https://en.wikipedia.org/wiki/Work_stealing)를 참조한다. – 옮긴이

- JVM이 더 빨라질 수 있도록 JRocket과의 통합이 마무리됐다.
- 클래스 메타데이터를 위해 이전부터 사용했던 perm gen의 개념을 버리고 네이티브 OS의 메모리를 사용하도록 변경됐다. 이것은 큰 변화며 더 나은 메모리 활용을 지원한다.
- JRocket과의 통합으로 미션 컨트롤(jmc)이 JDK에 표준으로 들어왔다. 미션 컨트롤은 유사한 기능으로 JConsole과 VisualVM을 보완하지만 비싼 댓가 없이 프로파일링을 추가해준다.
- JavaFX와 베이스64 인코딩 지원 같은 다양한 개선 사항을 포함한다.

02

람다 소개

이번 장에서는 람다의 개념을 소개한다.

- 일반적인 관점에서 람다와 함수형 프로그래밍의 배경지식을 논의한다.
- 자바에서 함수와 클래스의 차이에 대해 이야기한다.
- 자바에서 람다의 기본적인 문법에 대해 알아본다.

▌ 함수형 프로그래밍에서 람다(λ)

더 깊이 들어가기 전에 람다에 대한 일반적인 배경지식을 알아보자.

처음 본 사람들을 위해 언급하는데 그리스 문자인 λ는 람다의 축약 표현으로 사용된다.

1930년대와 람다 대수

컴퓨터공학의 람다는 1930년대에 알론조 처치[Alonzo Church]가 소개한 함수의 수학적 표기 방식인 람다 대수에 그 기원을 두고 있다. 람다는 함수를 사용해 수학을 탐구하는 방법이었으며 이후 컴퓨터공학에서 유용한 도구로 재발견됐다.

람다 대수는 람다 항의 개념과 그것들의 변환 규칙을 공식화했다.

이 변환 규칙, 또는 함수들은 직접적으로 현대 컴퓨터공학의 개념들과 연관된다. 람다 대수에서 모든 함수들은 익명 함수인데, 이는 컴퓨터공학에서도 말 그대로의 의미를 지닌다. 다음은 람다 대수 표현의 예제다.

람다 대수 표현식

```
λx.x+1
```

위 표현식은 단일 인자 x를 받는 무명 함수 또는 람다를 정의한다. 점(.) 이후에는 함수 몸통이며 해당 인자에 1을 더한다.

1950년대와 리스프

1950년대에 MIT의 존 맥커시[John McCarthy]는 리스프를 개발했다. 리스프는 수학 표기를 나타내기 위해 디자인됐고 람다 대수로부터 크나큰 영향을 받았다.

문자 lambda를 익명 함수를 정의하는 데 연산자로 사용한다.

그 예제는 다음과 같다.

리스프 표현식

```
(lambda (arg) (+ arg 1))
```

이 표현식은 단일 인자를 입력받아 arg에 바인딩하고 1을 더하는 함수로 평가된다.

두 가지 표현식 모두 숫자를 증가시키는 함수를 생성한다. 두 가지 방법이 유사해 보이는 것을 알 수 있다.

람다 대수와 리스프는 함수형 프로그래밍에 굉장히 많은 영향을 끼쳤다. 함수를 사용하고 함수를 통해 문제를 추론해내는 발상은 프로그래밍 언어로 바로 전해졌다. 그래서 컴퓨터공학 분야에서 함수라는 용어를 쓰고 있는 것이다. 대수와 현대 프로그래밍 언어에서의 람다는 동일한 개념이고 똑같은 방법으로 사용된다.

람다란 무엇인가

간단히 말해 람다는 단지 익명 함수고 그것이 전부다. 특별한 것은 없다. 단지 함수를 정의하는 간편한 방법일 뿐이다. 익명 함수는 재사용 가능한 기능의 일부분을 전달하고 싶을 때 유용하다. 예를 들어 다른 함수들에 함수를 인자로 전달하는 경우다.

이미 람다를 지원하고 있는 언어로는 스칼라, C#, 오브젝티브C, 루비, C++(11), 파이썬과 같은 많은 언어들이 있다.

▌ 함수와 클래스

익명 함수는 자바의 익명 클래스와 다르다는 것을 염두에 두자. 자바의 익명 클래스도 여전히 인스턴스를 생성해 객체로 만들어줘야 한다. 적절한 명칭이 아닐지 모르지만 객체가 됐을 때만 의미가 있다.

반면에 함수는 인스턴스와 관련이 없다. 객체는 데이터와 밀접하게 연관해 동작하는 반면, 함수는 데이터와 분리돼 있다.

최신 자바의 단일 인자 인터페이스를 사용하는 어느 곳에서나 람다를 사용할 수 있으므로 단순한 설탕 구문syntactic sugar[1]처럼 보이지만 실제로는 그렇지 않다. 익명 클래스와 람다, 클래스와 함수를 비교하고 어떤 차이가 있는지 알아보자.

최신 자바의 람다

자바 8 이전 버전에서 일반적인 익명 클래스(단일 메소드 인터페이스)의 구현은 다음과 유사하게 보일 것이다. 이 anonymousClass 메소드는 Condition의 구현체를 인자로 넘겨주며 waitFor 메소드를 호출한다. 예제의 경우에는 특정 서버가 셧다운되길 기다리는 것이다.

익명 클래스의 일반적인 사용법

```
void anonymousClass() {
  final Server server = new HttpServer();
  waitFor(new Condition() {
    @Override
    public Boolean isSatisfied() {
      return !server.isRunning();
    }
  });
}
```

---

1 사람이 이해하기 쉽게 표현하기 위한 문법 − 옮긴이

람다로 작성한 동일한 기능은 다음과 같다.

람다로 작성한 동일한 기능

```
void closure() {
  Server server = new HttpServer();
  waitFor(() -> !server.isRunning());
}
```

완전한 구현에 관심 있는 경우를 위해 단순한 폴링으로 구현한 waitFor 메소드는 다음과 같을 것이다.

```
class WaitFor {
  static void waitFor(Condition condition) throws
  InterruptedException {
    while (!condition.isSatisfied())
      Thread.sleep(250);
  }
}
```

이론상의 차이점

먼저 두 가지 구현 모두 클로저지만 동시에 후자는 람다다. 뒤에 나오는 '람다 vs. 클로저' 절에서 자세한 차이를 알아볼 것이다. 이 말은 런타임의 '실행 환경'을 유지하고 있어야 한다는 뜻이다. 자바 8의 이전 버전에서는 클로저가 필요로 하는 것들을 클래스의 인스턴스(Condition 클래스의 익명 인스턴스)로 복사하는 것을 의미한다. 예제에서는 server 변수가 인스턴스로 복사돼야 할 필요가 있을 것이다.

해당 변수는 복사본이기 때문에 사용될 때와 넘겨질 때의 간격 동안 변경되지 않도록 하기 위해 final로 선언돼야 한다. 뒤의 어느 시점까지 클로저의 실행이 연기될 수 있기 때문에(예를 들어 늦은 평가^{Lazy evaluation}와 같은 경우) 이 두 개의 시간은 큰 차이가 날 수 있다.

최신 자바는 정의된 변수가 갱신되지 않는다고 판단하면 final 변수로 다루기 때문에 명시적으로 선언하지 않아도 된다.

반면 람다는 실행 환경이나 다른 조건들을 복사하지 않아도 된다. 즉 진정한 의미의 함수로 다뤄지며 클래스의 인스턴스가 아닌 것이다. 차이점은 무엇일까? 꽤나 많다.

함수와 클래스

함수, 진정한 의미의 함수부터 이야기를 시작해보면 그것들은 인스턴스를 여러 번 생성할 필요가 없다. 메모리를 할당하고 기계어 코드를 함수로서 로딩하는 것을 인스턴스 생성이라고 부르는 것이 맞는지도 확신할 수 없다. 간단히 말해, 함수가 한 번 사용가능해지면 재사용할 수 있다는 것이다. 그것은 상태를 보존하지 않기 때문에 자연스럽게 멱등성(연산을 여러 번 적용해도 결과가 달라지지 않음)을 가진다. 자바에서는 정적 클래스 메소드가 함수와 가장 유사할 것이다.

이것은 자바의 람다가 호출될 때마다 많은 리소스를 요구하는 인스턴스 생성이 필요하지 않다는 뜻이다. 익명 클래스를 인스턴스화하는 것과는 다르게 메모리에 끼치는 영향이 미미할 것이다.

 그래서 개념적인 차이점들은 다음과 같다.

- 클래스는 반드시 인스턴스화돼야 하고 함수는 그렇지 않다.
- 클래스가 새로 생성되면 객체를 위해 메모리가 할당된다.
- 함수를 위한 메모리 할당은 딱 한 번만 일어난다. 그것들은 자바 힙의 퍼머넌트^{Permanent} 영역에 저장된다.
- 객체는 자신만의 데이터를 가지지만 함수는 데이터와 연관 관계가 없다.
- 자바 클래스의 정적 메소드는 함수와 거의 유사하다.

몇 가지 세세한 차이점들

함수와 클래스는 실행 환경을 점유^{capture}하는 방법과 변수들을 어떻게 가려내는지(새도잉^{Shadowing})[2]에 대한 세부적인 차이를 나타낸다.

점유 문법

또 다른 차이점은 실행 환경을 점유하는 문법에 있다. 익명 함수에서 this 키워드는 익명 클래스의 인스턴스를 참조한다. 예를 들면 Foo$InnerClass의 인스턴스지 Foo의 것이 아니다. 이것이 익명 클래스의 범위 내부를 참조할 때 Foo.this.x처럼 다소 이상한 문법을 사용하는 이유다.

반면 람다에서 this 키워드는 그것을 둘러싼 범위(예제에서는 Foo를 직접적으로 가리킴)를 참조한다. 사실 람다는 완벽한 정적 범위$^{Lexical\ Scope}$를 가지는데, 슈퍼 타입으로부터 어떤 변수명도 상속받지 않고 새로운 범위 단계를 추가하지도 않는다는 것이다. 람다 내부의 범위에서 직접적으로 필드와 메소드, 지역 변수에 접근할 수 있다.

예를 들어 다음 클래스는 람다가 firstName 변수에 직접 접근하는 것을 보여준다.

```
public class Example {
  private String firstName = "Jack";

  public void example() {
    Function<String, String> addSurname = surname -> {
      // this.firstName과 동일함
      return firstName + " " + surname;  // 또는 this.firstName
    };
  }
}
```

---

2 외부, 내부에 동일한 이름의 변수가 존재할 때 외부 범위의 변수가 내부 범위의 변수에 의해 숨겨지는 것을 말한다.
　– 옮긴이

예제에서 firstName은 this.firstName을 축약해서 쓴 것이다. 이것은 람다를 둘러싼 범위(Example 클래스)를 참조하기 때문에 값은 "Jack"이 될 것이다.

동일한 예제의 익명 클래스는 둘러싼 범위 내부에서 명시적으로 firstName을 참조해야만 한다. 이런 환경에서는 this 지시자를 사용하면 안 된다. 즉, this 키워드는 익명 클래스의 인스턴스를 의미하기 때문에 firstName이라는 변수가 존재하지 않는다. 그래서 다음과 같은 코드는 컴파일에 성공한다.

```java
public class Example {
  private String firstName = "Charlie";

  public void anotherExample() {
    Function<String, String> addSurname = new Function<String, String>() {
      @Override
      public String apply(String surname) {
        return Example.this.firstName + " " + surname;
        // 컴파일 성공
      }
    };
  }
}
```

그러나 다음 코드는 컴파일되지 않는다.

```java
public class Example {
  private String firstName = "Charlie";

  public void anotherExample() {
    Function<String, String> addSurname = new Function<String, String>() {
      @Override
      public String apply(String surname) {
        return this.firstName + " " + surname;    // 컴파일 에러
      }
```

```
      };
   }
}
```

해당 필드를 바로 접근(단순히 firstName + "" + surname으로 호출)할 수는 있지만 this 키워드를 사용해서 접근할 수는 없다. 여기서 중요한 것은 람다와 익명 클래스 인스턴스 간의 변수를 점유하는 문법에서 나타나는 차이를 보여주는 것이다.

가려진 변수들

가려진Shaodow 변수들은 간략화된 this 문법으로 인해 더욱 직관적으로 접근할 수 있게 된다. 예를 들어보자.

```java
public class ShadowingExample {

  private String firstName = "Charlie";

  public void shadowingExample(String firstName) {
    Function<String, String> addSurname = surname -> {
      return this.firstName + " " + surname;
    };
  }
}
```

람다 내부에서 this가 사용됐기 때문에 그것을 둘러싸고 있는 범위를 참조하게 된다. 그래서 this.firstName은 같은 이름을 가지고 있는 메소드의 매개변수가 아니라 "Charlie"를 값으로 가지게 된다. 클로저 점유 시의 문법 덕분에 한층 명확하게 보인다. 만약 firstName(this가 없는 상태로)을 사용한다면 매개변수를 가리키게 된다.

익명 함수 인스턴스를 사용하는 다음 예제에서 `firstName`은 단순히 매개변수를 가리킨다. 만약 이를 둘러싸고 있는 범위의 변수를 참조하고 싶다면 `Example.this.firstName`을 사용해야 한다.

```java
public class ShadowingExample {

  private String firstName = "Charlie";

  public void anotherShadowingExample(String firstName) {
    Function<String, String> addSurname = new Function<String, String>() {
      @Override
      public String apply(String surname) {
        return firstName + " " + surname;
      }
    };
  }
}
```

요약

학문적인 관점에서의 함수와 익명 클래스(자바 8 이전 버전에서 주로 함수로 취급되던 것들) 간에는 많은 차이점들이 존재한다. 이 차이점들을 통해 단순히 깔끔한 문법을 위해 람다를 사용하는 것이 아님을 쉽게 이해할 수 있다. 물론 람다를 사용하면 많은 이점들이 존재한다(적어도 람다를 많이 사용하는 JDK의 개선 사항이 있다).

다음 장에서 람다의 새로운 문법을 살펴볼 때 자바의 람다와 익명 클래스는 매우 유사하게 사용되지만 기술적으로 차이가 있다는 것을 명심하자. 익명 클래스의 인스턴스와는 다르게 람다는 평가될 때마다 새로 생성하지 않아도 된다.

이를 알아두면 자바의 람다가 단순히 설탕 구문을 위한 것만은 아니라는 점을 알게 될 것이다.

▌ 람다(λ) 기본 문법

람다의 기본 문법들을 알아보자.

람다는 기본적으로 기능을 가지는 익명의 코드 블록이며, 익명 클래스의 인스턴스와 매우 유사하게 보인다. 예를 들어 자바에서 배열을 정리하고 싶다면 Comparator 인터페이스의 구현체 인스턴스를 인자로 받는 Arrays.sort 메소드를 사용할 수 있다.

사용 예는 다음과 같다.

```
Arrays.sort(numbers, new Comparator<Integer>() {
  @Override
  public int compare(Integer first, Integer second) {
    return first.compareTo(second);
  }
});
```

Comparator 인스턴스는 추상화된 특정 기능을 나타낸다. 즉 그것만으로는 아무 의미도 가지지 못하며, 목적을 가지고 있는 sort 메소드에 의해 사용됐을 때 의미를 가질 수 있다.

자바의 새로운 람다 문법을 사용하면 다음과 같이 교체될 수 있다.

```
Arrays.sort(numbers, (first, second) -> first.compareTo(second));
```

같은 일을 하지만 더 간결하게 표현하고 있다. 사실 자바는 이를 Comparator 클래스의 인스턴스인 것처럼 처리하고 있다. 만약 람다 변수(두 번째 매개변수)를 따로 분리해 보면 이전 예제의 익명 클래스 인스턴스와 동일하게 Comparator<Integer> 타입을 가지게 된다.

```
Comparator<Integer> ascending = (first, second) -> first.compareTo(second);
Arrays.sort(numbers, ascending);
```

Comparator 클래스는 하나의 추상 메소드 compareTo만 보유하고 있기 때문에 컴파일러는 이와 같이 익명의 코드 블록이 있을 때 Comparator의 인스턴스를 의미한다는 것을 알 수 있다. 이는 우리가 다음에 다룰 함수형 인터페이스와 타입 추론의 개선 같은 새롭게 추가된 기능들 덕분에 가능하다.

문법 상세 내역

언제든지 단일 추상 메소드를 람다로 교체할 수 있다.

어떤 인자를 받아서 어떤 값을 반환하는 apply 메소드를 가진 Example 인터페이스가 있다고 가정하자.

```
interface Example {
  R apply(A arg);
}
```

다음과 같이 인스턴스를 생성할 수 있다.

```
new Example() {
  @Override
  public R apply(A args) {
    body
  }
};
```

이를 람다로 전환하기 위해서는 기본적으로 불필요한 것들을 제거한다. 생성 문법과 어노테이션을 제거하고 인자 목록과 함수 몸통만 남도록 메소드의 상세 정보도 제거한다.

```
(args) {
  body
}
```

그러고는 새로운 애로우(->) 부호를 사용해 이것이 람다고 이후에 나오는 내용이 람다의 몸통이라 알려주면, 그것이 람다의 기본 문법이 된다.

```
(args) -> {
  body
}
```

방금 전 살펴본 정렬 예제에서도 동일한 단계를 진행해보자. 익명 인스턴스부터 시작한다.

```
Arrays.sort(numbers, new Comparator<Integer>() {
  @Override
  public int compare(Integer first, Integer second) {
    return first.compareTo(second);
  }
});
```

인스턴스 생성과 메소드 시그니처를 간략화한다.

```
Arrays.sort(numbers, (Integer first, Integer second) {
  return first.compareTo(second);
});
```

람다를 적용한다.

```
Arrays.sort(numbers, (Integer first, Integer second) -> {
  return first.compareTo(second);
});
```

이것으로 끝이다. 하지만 몇 가지 최적화를 진행할 수 있다. 만약 컴파일러가 타입을 추론할 수 있다면 타입을 지정하지 않아도 된다.

```
Arrays.sort(numbers, (first, second) -> {
  return first.compareTo(second);
});
```

좀 더 간략하게 표현하기 위해 중괄호를 삭제해 람다 표현식을 완성하자.

```
Arrays.sort(numbers, (first, second) -> first.compareTo(second));
```

이 경우에는 컴파일러가 당신의 의도를 충분히 알아차릴 수 있었다. 이 한 줄의 표현은 인터페이스와 일치하는 값을 반환하고 있기 때문에 컴파일러는 다음과 같이 말한다. "예측할 수 있기 때문에 무엇인가 반환할 거라고 정의하지 않아도 될 것 같아요."

매개변수가 하나인 인터페이스 메소드는 소괄호를 생략할 수 있다. 다음은 인자 x를 매개변수로 받아서 x+1을 반환하는 람다의 예제다.

```
(x) -> x + 1
```

위 문장은 소괄호 없이 쓰여질 수 있다.

```
x -> x + 1
```

요약

문법 옵션들을 요약해보자.

문법 요약

```
(int x, int y) -> { return x + y; }
(x, y) -> { return x + y; }
(x, y) -> x + y; x -> x * 2
() -> System.out.println("Hey there!");
System.out::println;
```

첫 번째 예제는 람다를 생성하는 가장 장황한 방법이다. 함수의 매개변수들은 그 타입과 함께 소괄호로 둘러싸여 있고 뒤이어 애로우 연산자와 실행될 코드 블록을 포함한 함수 본체가 나타난다.

두 번째 예제와 같이 변수 타입을 생략할 수 있다. 컴파일러는 타입 추론을 사용해 어떤 타입을 가져야 하는지 추정한다. 이 추론은 람다를 사용하려고 하는 실행 환경에 기반해 결정된다.

만약 코드 블록이 무엇인가를 반환하거나 한 줄로 된 표현식이라면, 예를 들어 (x, y) -> x + y;와 같이 중괄호와 return 키워드를 생략할 수 있다.

매개변수가 하나일 경우 x -> x * 2와 같이 소괄호도 생략할 수 있다.

만약 아무런 인자도 받지 않는다면 '햄버거' 기호가 필요하다.

```
() -> System.out.println("Hey there!");.
```

추가적으로 또 다른 변형도 존재한다. 람다의 단축 키 같은 것으로 메소드 참조[Method reference]라고 불린다. 그 예로는 System.out::println이 있을 수 있는데, 기본적으로 (value -> System.out.prinltn(value) 람다 표현의 축약형이다.

메소드 참조에 대해서는 뒤에서 더 자세히 알아본다. 그러므로 현재로서는 그런 것이 존재하고 람다가 사용되는 어느 곳에서든지 사용될 수 있다는 점만 염두에 두자.

03

람다 깊이 이해하기

이번 장에서는 람다를 더 깊이 알아보고 다음과 같은 관련 주제들을 이야기한다.

- 함수형 인터페이스
- 메소드와 생성자 참조
- 범위와 유사 파이널effectively final 변수
- 예외 투명성
- 람다와 클로저 간의 차이점
- 람다는 단순한 설탕 구문syntactic sugar이 아니므로 람다가 생성하는 바이트코드를 직접 살펴볼 것이다.

█ 함수형 인터페이스

자바는 람다를 인터페이스 타입의 인스턴스처럼 다룬다. 이는 함수형 인터페이스라는 것으로 형식화될 수 있다. 함수형 인터페이스는 메소드를 하나만 가지는 인터페이스다. 자바에서는 이 메소드를 '함수형 메소드'라고 부르지만 '단일 추상 메소드^{Single} abstract method' 또는 SAM이라는 표현이 더 자주 사용된다.

JDK의 Runnable이나 Callable과 같은 기존 단일 메소드 인터페이스들은 이제 함수형 인터페이스들이고 단일 추상 메소드가 사용되는 어떤 곳에서든지 사용될 수 있다. 사실 함수형 인터페이스가 컴파일러에게 인자와 반환 타입을 추론할 수 있는 충분한 정보를 제공하기 때문에 대상 타이핑^{Taget typing}을 가능하게 한다.

@FunctionalInterface

오라클은 새로운 어노테이션 @FunctionalInterface를 도입해 함수형 인터페이스를 표시하는 데 사용할 수 있게 했다. 기본적으로는 의도를 전달하는 용도지만 이를 통해 컴파일러가 추가적인 작업을 수행할 수 있다.

예를 들어 다음 인터페이스는 컴파일된다.

```
public interface FunctionalInterfaceExample {
  // 컴파일 OK
}
```

그러나 새로운 어노테이션을 사용해 함수형 인터페이스임을 표시하면 컴파일 에러가 발생한다.

```
@FunctionalInterface // <- 에러가 발생하는 부분
  public interface FunctionalInterfaceExample {
    // 컴파일되지 않음
}
```

에러는 '추상 메소드를 찾을 수 없으므로 FunctionalInterfaceExample 클래스는 함수형 인터페이스가 아니다.'라고 말한다. IDE도 자주 힌트를 주는데 인텔리J^{IntelliJ}는 '대상 메소드를 찾을 수 없음'이라고 알려줄 것이다. 인텔리J는 함수형 메소드를 정의하지 않았다고 힌트를 주고 있는 것이다. '단일 추상 메소드'는 하나의 추상 메소드를 필요로 한다.

그럼 메소드를 하나 더 추가해 메소드 두 개가 인터페이스에 존재하면 어떻게 될까?

```
@FunctionalInterface
public interface FunctionalInterfaceExample {
  void apply();
  void illegal(); // <- 이 부분에서 에러
}
```

'오버라이드할 수 없는 추상 메소드가 여러 개 발견됐음'이라는 메시지와 함께 컴파일이 다시 한 번 실패한다. 다시 한 번 강조하지만, 함수형 인터페이스는 하나의 메소드만 가질 수 있다.

상속

다른 인터페이스를 상속한 인터페이스의 경우는 어떨까?

새로운 함수형 인터페이스 A를 만들고 이것을 상속받는 B도 만들어보자. B 인터페이스는 여전히 함수형 인터페이스다. 당신이 기대하던 그대로 부모의 apply 메소드를 상속한다.

```
@FunctionalInterface
interface A {
  abstract void apply();
}

interface B extends A {
}
```

좀 더 명확하게 하고 싶다면 부모의 함수형 메소드를 오버라이드할 수도 있다.

```
@FunctionalInterface
interface A {
  abstract void apply();
}

interface B extends A {
  @Override
  abstract void apply();
}
```

이를 람다로 사용해보면 함수형 인터페이스로 동작하는지 검증해볼 수 있다. 다음은 람다가 타입 A 또는 타입 B에 할당될 수 있는지 보여주는 메소드를 구현한 것이다. 이 구현은 단지 A 또는 B를 출력한다.

```
@FunctionalInterface
public interface A {
  void apply();
}

public interface B extends A {
  @Override
  void apply();
}
```

```java
public static void main(String... args) {
  A a = () -> System.out.println("A");
  B b = () -> System.out.println("B");
}
```

B 인터페이스를 확장해 새로운 추상 메소드를 추가할 수는 없는데, 확장한 인터페이스가 두 가지 추상 메소드를 가질 수 없기 때문이다. IDE는 컴파일 에러가 발생할 수 있다고 경고할 것이다.

```java
@FunctionalInterface
public interface A {
  void apply();
}

public interface B extends A {
  void illegal(); // <- 할 수 없음
}

public static void main(String... args) {
  A a = () -> System.out.println("A");
  B b = () -> System.out.println("B"); // <- 에러
}
```

두 가지 경우 모두 Object의 메소드를 문제없이 오버라이드할 수 있다. 자바 8부터 추가된 디폴트 메소드도 추가할 수 있다. 예측할 수 있겠지만, 추상 메소드를 함수형 인터페이스로 지정하는 것은 불가능하다.

다른 인터페이스 개선 사항들

인터페이스에 새로운 기능들이 추가됐으며, 다음과 같은 것들을 포함한다.

- 디폴트 메소드(가상 확장 메소드^{virtual extension method})
- 정적 인터페이스 메소드
- java.util.function 패키지의 Function과 Predicate 같은 여러 가지 함수형 인터페이스 추가

요약

이번 절에서는 단일 메소드를 가지는 인터페이스가 어떻게 '함수형 인터페이스'가 되는지 그리고 어떻게 단일 메소드가 주로 '함수형 메소드' 또는 SAM(단일 추상 메소드)으로 불리는지 이야기했다.

새로운 어노테이션을 살펴보고 기존의 Runnable이나 Callable 같은 기존 JDK의 인터페이스들이 어떻게 이 어노테이션으로 개선됐는지도 확인했다.

람다가 사용될 수 있도록 돕기 위해 컴파일러가 함수형 메소드의 시그니처를 사용하는 방법인 대상 타이핑도 소개했다. 이 부분은 짧게 알아봤는데 이후 타입 추론을 다루면서 더 알아볼 것이다.

함수형 인터페이스의 예제에 대해 이야기했고 실수했을 때 어떻게 컴파일러와 IDE가 우리를 돕고 앞으로 어떤 종류의 에러들을 만나게 될지 체험해봤다. 예를 들면 함수형 인터페이스에 하나 이상의 메소드를 추가하는 것이다.

또한 이 규칙의 예외도 살펴봤는데 Object의 메소드를 오버라이드하거나 디폴트 메소드를 구현하는 경우가 그것이다.

인터페이스 상속이 무엇이고 어떤 영향을 미치는지 알아봤으며, 뒤에서 좀 더 자세히 알아볼 인터페이스의 개선 사항도 언급했다.

▌타입 추론 개선 사항

최근 자바에서는 타입 추론에 대한 많은 개선이 이뤄졌다. 람다를 지원하기 위해 대상 타이핑을 대대적으로 사용함으로써 컴파일러가 대상을 추론하는 방법이 개선됐다. 이 점을 포함해 자바 7의 추론으로부터 개선된 것들은 Open JDK 개선 제안[JEP 101]에서 다뤄졌다. 더 자세히 알아보기 전에 우리가 알고 있는 기본 지식들을 정리해보자.

타입 추론은 프로그래밍 언어가 표현 내의 타입을 자동으로 추정할 수 있는 능력을 말한다. 정적 타입 언어는 변수 등의 타입을 컴파일 시간에 판단하는 반면, 동적 타입 언어는 런타임에 판단한다. 정적 타입 언어의 경우 타입 추론을 사용하고 소스 코드에 빠져 있는 정보를 컴파일러가 파악할 수 있다.

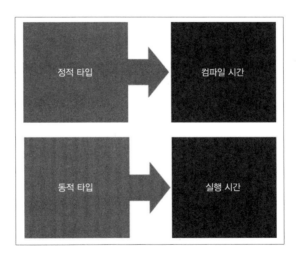

즉, 동적 타입 언어들(스칼라 같은 언어들)은 타입 추론을 사용해 동적 언어(자바스크립트 같은 언어들)처럼 '보이게' 할 수 있다. 적어도 소스 코드 레벨에서 말이다.

여기에 스칼라로 작성된 코드의 예제가 있다.

```
val name = "Henry"
```

예제에서는 컴파일러에게 정확한 타입을 이야기할 필요가 없다. 컴파일러는 이미 알고 있다. 다음과 같이 명시적으로 작성할 수도 있다.

```
val name : String = "Henry"
```

그러나 그럴 필요가 없다.

참고로 스칼라는 당신이 하나의 표현식이나 문장을 종료했는지 알아내기 위해 추상 구문 트리AST, Abstract syntax tree를 사용한다. 그래서 종종 세미콜론으로 문장의 끝을 나타낼 필요가 없다.

자바의 타입 추론

타입 추론은 꽤나 방대한 주제며, 자바는 타입 추론을 지원하지 않는다. 방금 설명했던 것처럼 변수의 타입을 명시하지 않고 생략하는 일은 가능하지 않다. 자바에서는 다음과 같이 변수의 타입을 명시해줘야 한다.

```
String name = "Henry"; // <- 스칼라와 같이 생략 불가능
```

광의에서 보면, 자바는 타입 추론을 지원하지 않는데 다른 언어들처럼 타입을 추측하는 것이 불가능하다. 그래서 자바에서의 타입 추론은 일반적으로 컴파일러가 제네릭 타입을 다루는 방법을 가리킨다. 자바 7에서는 다이아몬드 연산자(<>)를 도입해 이를 개선했지만, 자바가 추측할 수 있는 정보에는 여전히 많은 한계가 존재한다.

자바 컴파일러는 타입 소거자type erasure를 사용하도록 개발됐는데, 이것은 컴파일 시간 동안 타입 정보를 능동적으로 제거한다. 타입 소거자는 컴파일을 거쳐서 List<String>을 List<Object>로 변경한다. 역사적인 이유로 자바 5에 제네릭이 도입됐을 때 개발자들은 소거자를 사용하는 결정을 쉽게 되돌릴 수 없었다. 자바는 여전히 주어진 제네릭

타입을 대체하는 타입을 추론해야 했지만, 소거자가 이를 삭제했기 때문에 필요한 정보를 얻을 수 없었다. 그때 타입 추론이 해결책이 됐다.

모든 제네릭 값들은 실제 `Object` 타입으로 돼 있었지만, 타입 추론을 사용해 컴파일러는 그것이 맞다고 판단하는 제네릭 타입과 소스 내의 모든 내용들이 일치하는지 검사가능했다. 실행 시간에는 모든 것들이 `Object`의 인스턴스로 넘겨지지만, 이면에서는적절한 타입으로 캐스팅이 이뤄진다. 타입 추론은 컴파일러가 단지 이 캐스팅 작업이올바른 것인지 미리 검사할 수 있도록 해준다. 그래서 타입 추론은 타입을 짐작하는 것이었는데 자바의 타입 추론은 자바 8에서 여러 가지 방향으로 개선됐다.

1. 람다를 위한 대상 타이핑

그리고 다음 목적을 위한 일반 용도의 대상 타이핑이 존재한다.

1. 메소드 호출 시 매개변수 타입 추론에 대한 지원
2. 연쇄 호출 시 매개변수 타입 추론에 대한 지원

이제 현재 문제점들을 알아보고 최신 자바가 그 문제들을 어떻게 풀어나가는지 살펴보자.

람다를 위한 대상 타이핑

최신 자바의 타입 추론에 대한 기본적인 개선 사항은 람다가 타입 인자를 추론할 수있다는 것이다.

```
(Integer x, Integer y) -> x + y;
```

위와 같이 쓰기보다는 타입 지시자 `Integer`를 생략하고 다음과 같이 사용할 수 있다.

```
(x, y) -> x + y;
```

이는 함수형 인터페이스가 타입을 설명하고 있으므로 컴파일러가 필요한 모든 정보를 제공할 수 있기 때문이다.

예를 들어 다음과 같은 함수형 인터페이스가 있다고 가정하자.

```
@FunctionalInterface
interface Calculation {
  Integer apply(Integer x, Integer y);
}
```

람다가 인터페이스를 대신해서 사용될 때 컴파일러가 첫 번째로 하는 일은 람다의 대상 타입을 계산해내는 일이다. 따라서 인터페이스와 정수 두 개를 인자로 받아 계산하는 메소드를 만든다면 다음과 같다.

```
static Integer calculate(Calculation operation, Integer x, Integer y) {
  return operation.apply(x, y);
}
```

그리고 덧셈과 뺄셈 함수를 위한 람다 두 개를 생성한다.

```
Calculation addition = (x, y) -> x + y;
Calculation subtraction = (x, y) -> x - y;
```

그리고 생성한 람다를 다음과 같이 사용한다.

```
calculate(addition, 2, 2);
calculate(subtraction, 5, calculate(addition, 3, 2));
```

컴파일러는 덧셈과 뺄셈을 위한 람다가 대상 타입으로 Caculation(calculate의 메소드 시그니처에 들어맞는 유일한 '형태'를 가짐)을 필요로 하는 것을 알고 있다. 인터페이스에는 하나의 메소드만 가지고 있기 때문에 모호함이 존재하지 않는다. 인자 타입은 명확하게 Integer 타입이다.

앞으로 대상 타이핑에 대한 많은 예제들을 접하게 될 것이므로 자바가 람다의 많은 장점들을 살릴 수 있도록 해주는 메커니즘은 타입 추론과 대상 타입에 기반하고 있다는 사실만 유의하자.

메소드 호출 시의 타입 인자

자바 8 이전에는 컴파일러가 타입을 추론할 수 없는 경우가 종종 있었다. 그중 하나는 제네릭 타입의 인자를 요구하는 메소드를 호출하는 경우다.

예를 들어 Collections 클래스는 비어있는 리스트를 반환하기 위한 제네릭 메소드를 가지고 있는데 다음과 같은 형태를 지닌다.

```java
public static final <T> List<T> emptyList() { ... }
```

자바 7에서 다음 코드는 컴파일된다.

```java
List<String> names = Collections.emptyList(); // 자바 7에서 컴파일 성공
```

자바 7의 컴파일러가 emptyList 메소드가 필요로 하는 제네릭 타입이 String임을 계산해낼 수 있다.

문제가 되는 것은 제네릭 메소드의 결과가 다른 메소드 호출의 인자로 넘겨질 때다.

그래서 다음과 같이 리스트를 처리하는 메소드가 있다고 가정하자.

```java
static void processNames(List<String> names) {
  System.out.println("hello " + name);
}
```

그리고 emptyList 메소드를 인자로 호출한다.

```
processNames(Collections.emptyList()); // 컴파일되지 않음
```

매개변수의 제네릭 타입이 Object로 소거됐기 때문에 컴파일되지 않는다. 위 호출은
실제로는 다음과 동일하다.

```
processNames(Collections.<Object>emptyList names);
```

이런 호출은 processList의 메소드 시그니처와 맞지 않는다.

```
processNames(Collections.<String>emptyList names);
```

명시적으로 추가적인 정보, 즉 타입 증거Type witness를 제공하지 않는 이상 컴파일되지
않는다.

```
processNames(Collections.<String>emptyList()); // 자바 7에서 컴파일 성공
```

이제 컴파일러는 메소드로 어떠한 제네릭 타입이 인자로 건네져야 하는지 알고 있다.

자바 8의 개선 사항 중 하나는 이와 관련돼 있다. 요약해서 말하자면, 이전에 필요로
하던 타입 증거가 더 이상 필요하지 않다는 것이다.

processNames를 호출하는 예제가 이제 컴파일된다!

```
processNames(Collections.emptyList()); // 자바 8에서 컴파일 성공
```

연쇄 메소드 호출 시의 타입 인자

타입 추론과 관련된 또 다른 흔한 문제는 메소드가 연쇄적으로 호출될 때 발생한다. 다음과 같은 List 클래스가 있다고 가정하자.

```java
static class List<E> {

  static <T> List<T> emptyList() {
    return new List<T>();
  }

  List<E> add(E e) {
    // 요소 추가
    return this;
  }

}
```

그리고 빈 리스트를 반환하는 메소드에 이어서 새로운 엘리먼트를 더하는 메소드를 호출하려고 하면 그때 타입 소거자가 다시 한 번 모습을 드러낸다. 타입이 제거됐기 때문에 다음에 호출돼야 하는 메소드에서 인자를 알 길이 없는 것이다. 단순히 컴파일되지 않는다.

```java
List<String> list = List.emptyList().add(":(");
```

이는 원래 자바 8에서 수정될 예정이었으나 안타깝게도 취소됐다. 그러므로 적어도 현재로서는 컴파일러에게 명시적으로 타입을 알려줘야 한다. 여전히 타입 증거가 필요한 것이다.

```java
List<String> list = List.<String>emptyList().add(":(");
```

▌메소드 참조

이전에 메소드 참조는 람다의 단축키와 같은 것이라고 언급했다. 메소드 참조는 메소드를 지칭하는 간결하고 간편한 방법을 제공하는 동시에 람다가 사용되는 곳 어디에서나 메소드가 사용될 수 있도록 해준다.

람다를 생성할 때 당신은 익명 함수를 정의하고 메소드 몸체를 제공한다. 메소드 참조를 람다로서 사용할 때는 이미 존재하는 이름을 가진 메소드를 가리키는 것인데, 그것은 이미 몸체를 가지고 있다. 당신은 이것을 일반 메소드를 함수형 인터페이스로 전환하는 행동으로 여겨도 좋다. 일반적인 문법은 다음과 같다.

```
Class::method
```

좀 더 구체적인 예제는 다음과 같다.

```
String::valueOf
```

쌍콜론(::)의 앞부분은 대상으로 하는 클래스명이고 뒷부분은 메소드명으로 구성된다. 그래서 이와 같은 경우에는 String 클래스를 대상으로 valueOf라는 메소드를 찾고 있는 것이다. 예제는 String 클래스의 정적 메소드를 참조하고 있다.

```
public static String valueOf(Object obj) { ... }
```

쌍콜론은 구분자라고 불린다. 이것을 사용할 때는 메소드를 호출하는 것이 아니라 단지 참조만 할 뿐이다.

그러므로 뒷부분에 소괄호를 쓰지 않도록 유의하자.

```
String::valueOf(); // <-- 에러
```

메소드 참조를 직접적으로 호출하는 것은 불가능하고 람다를 대신해서 사용할 수만 있다. 그러므로 람다가 사용되는 어느 곳이든지 메소드 참조를 사용할 수 있다.

예제

다음 문장은 컴파일되지 않는다.

```
public static void main(String... args) {
  String::valueOf;
}
```

컴파일러가 어떤 타입을 위한 람다를 만들어야 할지 추론할 수 있는 환경 정보가 없으므로 예제의 메소드 참조는 람다로 변환될 수 없다.

우리는 위의 참조가 다음과 동일하다는 것을 알게 된다.

```
(x) -> String.valueOf(x)
```

그러나 컴파일러는 아직 알지 못하는 상태다. 그러나 몇 가지는 말할 수 있다. 람다로서 반환 값이 String 타입이어야 한다는 것은 알고 있는데, 모든 String의 valueOf 메소드를 호출하는 모든 메소드가 문자열을 반환하기 때문이다. 그러나 매개변수로 무엇을 제공해야 하는지에 대한 단서는 없다. 그리고 컴파일러에게 약간의 환경 정보를 제공할 필요가 있다.

Integer를 인자로 받아 String을 반환하는 함수형 인터페이스인 Conversion을 생성할 것이다. 이것이 우리가 사용하는 람다에서 대상 타입이 될 것이다.

```
@FunctionalInterface
interface Conversion {
  String convert(Integer number);
}
```

그다음에는 위 인터페이스를 람다로 사용하는 예제를 만들어야 한다. 그래서 함수형 인터페이스를 인자로 받아 정수를 인자로 넘겨주는 작은 메소드를 작성한다.

```
public static String convert(Integer number, Conversion function) {
  return function.convert(number);
}
```

이제 중요한 부분이다. 메소드 참조를 동일한 람다로 변환하기 위한 충분한 정보를 제공했다. Convert 메소드를 호출할 때 람다를 인자로 넘겨줄 수 있다.

```
convert(100, (number) -> String.valueOf(number));
```

그리고 위의 람다를 valueOf 메소드의 참조로 바꿀 수 있다. 컴파일러는 이제 String 을 반환하고 Integer를 인자로 받는 람다가 필요하다는 사실을 안다. 그리고 valueOf 메소드가 이 조건에 일치하고 Integer 매개변수를 대체할 수 있음을 의미한다.

```
convert(100, String::valueOf);
```

컴파일러가 필요로 하는 정보를 제공하는 또 다른 방법으로 타입에 참조를 할당할 수 있다.

```
Conversion b = (number) -> String.valueOf(number);
```

그리고 메소드 참조의 형태는 다음과 같다.

```
Conversion a = String::valueOf;
```

이것의 '형태'는 조건과 일치하므로 할당될 수 있다.

흥미롭게도, 동일한 '형태'를 가지는 어떤 인터페이스에도 같은 람다를 할당할 수 있다. 같은 '형태'를 가지고 있는 또 다른 함수형 인터페이스가 있다고 가정하자.

즉, String을 반환하고 Object를 인자로 받는 valoueOf와 동일한 메소드 시그니처를 가지는 Example 인터페이스와 같은 경우를 예로 들어보자.

```
interface Example {
  String theNameIsUnimportant(Object object);
}
```

여전히 메소드 참조(또는 람다)를 해당 인터페이스에 할당할 수 있다.

```
Example a = String::valueOf;
```


메소드 참조의 유형

메소드 참조에는 네 가지 유형이 존재한다.

- 생성자 참조
- 정적 메소드 참조
- 두 가지 유형의 인스턴스 메소드 참조

마지막 두 가지는 다소 복잡하다. 첫 번째는 특정 객체의 메소드 참조고, 두 번째는 임의의 객체지만 특정 타입의 메소드 참조를 가리킨다. 두 가지 유형의 차이점은 인스턴스에 미리 접근할 수 있는 경우인지 여부와 메소드를 사용하길 원하는 방법에 있다.

생성자 참조

기본적인 문법은 다음과 같다.

```
String::new
```

대상 타입에 이어서 쌍콜론(::) new 키워드가 따라온다. 이 표현은 String 클래스의 인자 없는 생성자를 호출하는 람다를 생성한다.

이는 다음 람다와 동일하다.

```
() -> new String()
```

메소드 참조는 소괄호를 사용하지 않는다는 것을 다시금 유의하자. 메소드 참조는 메소드를 호출하는 것이 아니라 참조하는 것이다. 이 예제는 String 클래스의 생성자를 참조하고 있을 뿐 String 클래스의 인스턴스를 생성하는 것은 아니다.

실제로 어떻게 생성자 참조를 사용할 수 있는지 알아본다. 객체의 리스트를 생성할 때 이 리스트를 10개의 항목들로 채워넣고 싶다고 가정하자. 그래서 새로운 객체의 생성을 10번 반복하는 반복문을 다음과 같이 작성한다.

```java
public void usage() {
  List<Object> list = new ArrayList<>();
  for (int i = 0; i < 10; i++) {
    list.add(new Object());
  }
}
```

그러나 이 초기화 함수를 재사용하고 싶다면 이 코드를 추출해서 initialize 이름을 가지는 새로운 메소드를 생성하고 객체를 생성하기 위해 팩토리를 사용한다.

```
public void usage() {
  List<Object> list = new ArrayList<>();
  initialize (list, ...);
}

private void initialize (List<Object> list, Factory<Object> factory){
  for (int i = 0; i < 10; i++) {
    list.add(factory.create());
  }
}
```

Factory 클래스는 임의의 객체를 반환하는 create 메소드를 포함하는 함수형 인터페이스다.

그러고는 이 메소드가 생성한 객체를 리스트에 추가한다. 이것은 함수형 인터페이스 이므로 람다를 사용해 Factory 클래스를 구현함으로써 리스트를 초기화할 수 있다.

```
public void usage() {
  List<Object> list = new ArrayList<>();
  initialize(list, () -> new Object());
}
```

아니면 단순히 생성자 참조를 사용할 수도 있다.

```
public void usage() {
  List<Object> list = new ArrayList<>();
  initialize (list, Object::new);
}
```

이 시점에서 몇 가지 더 해볼 수 있는 것들이 있다. Initialize 메소드에 제네릭 타입을 추가하면 원하는 어떤 타입에 대해서도 리스트를 초기화할 수 있다. 예를 들어, 이전 예제로 돌아가 리스트의 타입을 String으로 변경하고 생성자 참조를 사용해 초기화 가능하다.

```java
public void usage() {
  List<String> list = new ArrayList<>();
  initialize (list, String::new);
}

private <T> void initialize (List<T> list, Factory<T> factory) {
  for (int i = 0; i < 10; i++) {
    list.add(factory.create());
  }
}
```

지금까지 인자가 없는 생성자인 경우를 위한 사용법을 살펴봤는데, 여러 개의 인자를 요구하는 생성자인 경우라면 어떻게 해야 할까?

생성자가 여러 개 있을 경우 동일한 문법을 사용해도 컴파일러가 어떤 생성자가 최선일지 판단한다. 컴파일러는 대상 타입과 해당 타입을 생성하기 위해 사용할 수 있는 함수형 인터페이스를 통한 추론을 기반으로 이런 결정을 한다.

다음의 Person 클래스 예제를 보면 여러 가지 인자를 받는 생성자를 확인할 수 있다.

```java
class Person {
  public Person(String forename, String surname, LocalDate
  birthday, Sex gender, String emailAddress, int age) {
    // ...
  }
}
```

이전 예제로 돌아가 범용적으로 사용할 수 있는 `initialize`를 살펴보면 다음과 같은 람다식을 생성할 수 있다.

```
initialize (people, () -> new Person(forename, surname, birthday,
gender, email, age));
```

그러나 생성자 참조를 사용하려면 여러 가지 인자를 받아들이는 다음과 같은 람다식이 필요하다.

```
(a, b, c, d, e, f) -> new Person(a, b, c, d, e, f);
```

하지만 이것이 바로 생성자 참조로 변환되지는 않는다. 다음과 같은 메소드 참조로 시도해본다고 가정해보자.

```
Person::new
```

인자에 대해 정보가 없기 때문에 컴파일되지 않는다. 컴파일을 시도해보면 인자를 찾을 수 없기 때문에 주어진 타입으로는 적용할 수 없는 유효하지 않은 생성자를 생성했다는 에러 메시지가 출력될 것이다.

그 대신 간접적인 행동으로 정보를 제공해 컴파일러가 적합한 생성자를 찾을 수 있도록 해야 한다. 원하는 생성자와 맞아떨어지는 타입을 가지는 함수형 인터페이스를 생성할 수 있다. 새로운 함수형 인터페이스인 `PersonFactory`를 생성하자.

```
@FunctionalInterface
interface PersonFactory {
  Person create(String forename, String surname, LocalDate
  birthday, Sex gender, String emailAddress, int age);
}
```

여기서 PersonFactory의 매개변수는 Person의 생성자와 일치한다. 이 말은 놀랍게도 이전 예제로 돌아가 Person 클래스의 생성자 참조와 함께 사용할 수 있다는 뜻이다.

```
public void example() {
  List<Person> list = new ArrayList<>();
  PersonFactory factory = Person::new;
  // ...
}
```

Person 클래스의 생성자 참조를 사용하고 있는 것에 유의하자. 인자를 정확히 모름에도 불구하고 생성자 참조가 대상이 되는 함수형 인터페이스로 할당되고 있는 것에 주목하자.

메소드 참조의 타입이 Person이 아니라 PersonFactory라는 점이 다소 이상하게 보일수도 있다. 이런 추가적인 대상 타입에 대한 정보를 통해 컴파일러는 Person을 생성하기 위해 PersonFactory를 사용해야 한다고 판단할 수 있다. 컴파일러는 이런 추가적인 힌트를 통해 람다식을 생성할 수 있는데, 이는 나중에 Person 객체를 생성하는 함수형 인터페이스를 기반으로 한다.

장황하게 작성해보면, 컴파일러는 다음과 같은 코드를 생성한다.

```
public void example() {
  PersonFactory factory = (a, b, c, d, e, f) -> new Person(a, b,
  c, d, e, f);
}
```

위의 예제는 다음과 같이 사용될 수 있다.

```
public void example() {
  PersonFactory factory = (a, b, c, d, e, f) -> new Person(a, b,
  c, d, e, f);
  Person person = factory.create(forename, surname, birthday,
  gender, email, age);
}
```

다행스럽게도 우리가 간접적인 정보만 제공해주면 컴파일러는 이런 작업들을 대신 처리해준다.

컴파일러는 사용해야 하는 대상 타입이 PersonFactory고 그것이 가지고 있는 단일 추상 메소드가 생성자를 대신해서 사용될 수 있다고 판단한다. 이는 두 단계 절차를 거치게 된다. 먼저 추상 메소드가 생성자와 동일한 인자 목록을 가지고 있는지와 올바른 타입을 반환하고 있는지 판단하고, 쌍콜론(::)과 이어지는 new 문법을 사용해 적용한다.

예제를 마무리하기 위해 initialize 메소드를 수정해 타입 정보를 추가하고(제네릭을 대체한다.), 상세 정보를 나타내는 인자를 추가한 후 실제 팩토리 함수를 호출한다.

```
private void initialise(List<Person> list, PersonFactory factory,
String forename, String surname,
LocalDate birthday, Sex gender,
String emailAddress, int age) {
  for (int i = 0; i < 10; i++) {
    list.add(factory.create(forename,
    surname, birthday, gender,
    emailAddress, age));
  }
}
```

그리고 다음과 같이 사용할 수 있다.

```
public void example( ) {
  List<Person> list = new ArrayList<>( );
  PersonFactory factory = Person::new;
  initialize(people, factory, a, b, c, d, e, f);
}
```

아니면 다음과 같이 인라인으로도 가능하다.

```
public void example( ) {
  List<Person> list = new ArrayList<>( );
  initialise(people, Person::new, a, b, c, d, e, f);
}
```

정적 메소드 참조

메소드 참조는 정적 메소드를 직접적으로 가리킬 수 있다. 예를 들면 다음과 같다.

```
String::valueOf
```

이 경우 좌측은 valueOf 메소드, 즉 정적 메소드가 있는 타입을 가리킨다. 위의 예제는 다음 람다식과 동일하다.

```
x -> String.valueOf(x))
```

좀 더 자세하게 Comparators 클래스의 정적 메소드 참조를 사용해 컬렉션을 정렬하는 예제가 있을 수 있다.

```
Collections.sort(Arrays.asList(5, 12, 4), Comparators::ascending);

// 다음과 동일함
Collections.sort(Arrays.asList(5, 12, 4), (a, b) ->
Comparators.ascending(a, b));
```

위 예제에서 정적 메소드 ascending은 다음과 같이 정의될 수 있다.

```
public static class Comparators {
  public static Integer ascending(Integer first, Integer second)
  {
    return first.compareTo(second);
  }
}
```

특정 객체의 인스턴스 메소드 참조

특정 인스턴스의 인스턴스 메소드 참조(이 경우에는 클로저)에 대한 예제는 다음과 같다.

```
x::toString
```

예제에서 x는 우리가 접근하길 원하는 특정 인스턴스다. 이를 람다로 작성하면 다음
과 같다.

```
() -> x.toString()
```

특정 인스턴스의 메소드를 참조할 수 있는 기능은 상이한 함수형 인터페이스 간에 변
환할 수 있는 편리한 방법을 제공한다.

예를 들면 다음과 같다.

```
Callable<String> c = () -> "Hello";
```

Callable의 함수형 메소드는 call이다. 해당 메소드가 람다를 호출하면 "Hello"를 반환할 것이다.

만약 다른 함수형 인터페이스, 예를 들어 Factory가 존재한다면 Callable을 메소드 참조를 사용해 변환할 수 있다.

```
Factory<String> f = c::call;
```

단순하게 람다식을 새로 생성할 수도 있지만, 이런 기술은 미리 정의된 람다를 재사용할 때 유용하게 사용될 수 있다.

중복을 포기하기 위해 람다를 변수에 할당하고 재사용할 수 있는 것이다.

다음은 실제 예제다.

```
public void example() {
  String x = "hello";
  function(x::toString);
}
```

위 예제에서는 메소드 참조가 클로저를 사용하고 있다. 이 메소드 참조는 인스턴스 x의 toString 메소드를 호출하는 람다식을 생성한다.

위 function 메소드의 시그니처와 구현은 다음과 같다.

```
public static String function(Supplier<String> supplier) {
  return supplier.get();
}
```

Supplier 인터페이스는 다음과 같은 함수형 인터페이스다.

```
@FunctionalInterface
public interface Supplier<T> {
  T get();
}
```

function 메소드에서 사용될 때 String 값(get을 호출해)을 제공해주는 역할을 하는데, 그렇게 할 수 있는 유일한 방법은 생성 시에 값을 제공받는 것이다. 이는 다음과 동일하다.

```
public void example() {
  String x = "";
  function(() -> x.toString());
}
```

이 람다식은 아무런 인자도 필요로 하지 않는다(햄버거 기호를 사용).

위 예제를 통해 x는 람다 내부의 지역 범위local scope 내에서는 접근 가능하지 않기 때문에 외부 범위에서 접근해야 한다. x를 어딘가에 담아야 하기 때문에 클로저여야만 한다(x를 점유한다).

익명 함수를 사용한 좀 더 자세한 내용에 관심이 있다면 다음 예제를 참고하자. x가 어떻게 넘겨지는지에 유의하자.

```
public void example() {
  String x = "";
  function(new Supplier<String>() {
    @Override
    public String get() {
      return x.toString(); // <- x를 클로저로 점유
    }
  });
}
```

이 세 가지 방법 모두 동일하다. 외부 범위에서 명시적으로 인자를 넘길 필요가 없는 인스턴스 메소드를 사용한 람다의 변형과 비교해보자.

람다가 뒤에 인스턴스를 생성하는 임의의 객체의 인스턴스 메소드 참조

마지막은 타입에 의해 명시되는 임의의 객체를 가리키는 메소드 참조다.

```
Object::toString
```

이와 같은 경우 좌측은 클래스를 나타내지만 (정적 메소드 참조 때와 동일하게) 실제로는 인스턴스를 가리킨다. toString 메소드는 Object 객체의 정적 메소드가 아니라 인스턴스 메소드다. 일반적인 인스턴스 메소드 문법을 사용하지 말아야 하는 이유는 아직 참조해야 하는 객체를 가지고 있지 않을 수도 있기 때문이다.

그래서 이전에 x::toString을 호출할 때는 x가 값을 가지고 있었다. 하지만 때때로 x가 값을 가지고 있지 않은 경우에도 여전히 메소드 참조를 넘기고 나서 방금 소개한 문법을 통해 값을 나중에 전달할 수 있다.

여기에 위의 예제와 동일하지만 x에 값이 바인딩돼 있지 않은 람다식이 있다.

```
(x) -> x.toString()
```

이 두 가지 메소드 참조 간의 차이점은 기본적으로 학문적인 것에 속한다. 때때로 직접 값을 넘겨야 할 필요가 있고 그렇지 않은 경우에는 람다가 당신을 대신해서 값을 제공해줄 것이다.

예제는 일반적인 메소드 참조와 유사해 보인다. String 클래스의 toString 메소드를 호출하는데 이때 String은 외부 범위에서 넘어오기보다는 람다를 사용하는 function 에게 제공된다.

```
public void lambdaExample() {
  function("value", String::toString);
}
```

String은 클래스를 가리키는 것 같지만 실제로는 인스턴스를 가리키고 있는 것이다. 다소 혼란스러울 테지만 더 명확하게 차이점을 알아내기 위해 실제로 람다를 사용하는 function 메소드를 살펴봐야 한다. function 함수는 다음과 같다.

```
public static String function(String value, Function<String, String>
function) {
  return function.apply(value);
}
```

그래서 String 값은 function으로 직접 넘겨지게 되는데, 이는 완전히 정규화된 람다 식처럼 보일 것이다.

```
public void lambdaExample() {
  function("value", x -> x.toString());
}
```

그리고 이것은 String::toString과 같은 단축 표현을 사용할 수 있다. 즉 '객체의 인스턴스'를 실행 시간에 제공하는 것이다.

만약 이를 완전한 익명 인터페이스로 풀어 써보면 다음과 같을 것이다. 매개변수 x를 통해 접근하게 되고 클로저로 넘겨지지 않으므로, 클로저라기보다는 람다가 된다.

```
public void lambdaExample() {
  function("value", new Function<String, String>() {
    @Override
    // 인자를 매개변수로 받고 있기 때문에 클로저를 사용하지 않아도 된다
    public String apply(String x) {
      return x.toString();
    }
  });
}
```

요약

오라클은 네 가지 종류의 메소드 참조에 대해 다음과 같이 설명한다(https://docs.oracle.com/javase/tutorial/java/javaOO/methodreferences.html).

종류	예제
정적 메소드 참조	ContainingClass::staticMethodName
특정 객체의 인스턴스 메소드 참조	ContainingObject::instanceMethodName
특정 타입을 가지는 임의의 객체의 인스턴스 메소드 참조	ContainingType::methodName
생성자 참조	ClassName::new

그러나 인스턴스 메소드에 대한 두 가지 설명은 명확하게 잘 이해되지 않는다. 도대체 특정 타입을 가지는 임의의 객체의 인스턴스 메소드는 무엇이란 말인가? 모든 객체들은 특정 타입이 아니었던가? 객체가 임의성을 띄는 것이 왜 중요할까?

나는 개인적으로 첫 번째 경우는 미리 알 수 있는[1] 특정 객체의 인스턴스 메소드, 두 번째 경우는 나중에[2] 공급되는 임의의 객체의 인스턴스라고 구분하는 것을 선호한다. 흥미롭게도 첫 번째는 클로저, 두 번째는 람다를 의미한다. 전자는 특정 환경에 묶여 있고 후자는 그렇지 않다. 특정 환경을 점유하는 메소드 참조(클로저)와 그렇지 않은 방법 (람다)의 차이는 다소 학술적인 것이지만, 적어도 큰 도움이 되지 않는 오라클 문서보다는 정식적인 설명이다.

종류	문법	예제
정적 메소드 참조	Class::staticMethodName	String::valueOf
특정 객체의 인스턴스 메소드 참조	object::instanceMethodName	x::toString
특정 타입을 가지는 임의의 객체의 인스턴스 메소드 참조	Class::instanceMethodName	String::toString
생성자 참조	ClassName::new	String::new

동일한 내용을 람다로 표현하면 다음과 같다.

종류	문법	람다로 표현할 경우
정적 메소드 참조	Class::staticMethodName	(s) -> String.valueOf(s)
특정 객체의 인스턴스 메소드 참조	object::instanceMethodName	() -> "hello".toString()
특정 타입을 가지는 임의의 객체의 인스턴스 메소드 참조	Class::instanceMethodName	(s) -> s.toString()
생성자 참조	ClassName::new	() -> new String()

---

1 컴파일 시간 – 옮긴이

2 실행 시간 – 옮긴이

정적 메소드 참조 문법과 클래스의 인스턴스 메소드 참조 문법이 매우 유사하게 보이는 것에 유의하자. 컴파일러는 어떤 방식을 사용할지 각각의 적용 가능한 정적 메소드와 인스턴스 메소드를 살펴본 후 결정한다. 두 가지 경우에 모두 해당하는 결과가 나오면 컴파일 에러가 발생한다.

이 모든 것을 메소드 참조에서 람다로의 전환이라고 생각해도 좋다. 컴파일러는 메소드 참조와 대상 타이핑을 이용하는 전환 함수를 제공하는데, 이를 통해 람다가 파생될 수 있다.

▌ 변수 범위

람다와 관련해 좋은 소식은 람다가 새로운 변수 범위를 생성하지 않는다는 것이다. 람다 내에서 변수 사용은 그것을 둘러싸고 있는 환경의 변수들을 참조하게 된다.

이것은 정적 범위라고 불린다. 이는 새로운 단계의 변수 범위가 사용되지 않는 것을 의미하며, this와 super 키워드 사용에도 동일하게 적용된다. 그래서 변수에 접근하기 위해 복잡하게 중첩된 클래스 관련 문법에 대해 걱정하지 않아도 된다.

관련 예제를 살펴보자. 값이 5로 설정된 멤버 변수 i를 가지는 Example 클래스가 아래에 보인다.

```
public static class Example {
  int i = 5;

  public Integer example() {
    Supplier<Integer> function = ( ) -> i * 2;
    return function.get( );
  }
}
```

example 메소드에서는 람다가 변수 i에 접근해서 해당 값에 2를 곱하고 있다.

람다가 정적 변수 범위를 가지기 때문에 i는 단순히 람다를 둘러싸고 있는 클래스의 변수를 가리킨다. 런타임에 이 값은 5가 될 것이다. this를 사용해도 동일한 곳을 참조하게 된다. 람다 내에서 this 키워드는 존재 여부에 상관없이 동일하다.

```java
public static class Example {
  int i = 5;
  public Integer example() {
    Supplier<Integer> function = () -> this.i * 2;
    return function.get();
  }
}
```

다음 anotherExample 메소드 역시 이름이 i인 매개변수를 사용하고 있다. 여기서 우리가 알고 있는 섀도잉(변수 범위 가리기)이 작동해 i는 이제 멤버 변수가 아니라 메소드의 매개변수를 가리키게 된다. 매개변수가 클래스의 멤버 변수 범위를 가리게 되는 것이다. 뭐든 간에 메소드로 넘겨진 값은 i를 통해 접근 가능하다.

```java
public static class Example {
  int i = 5;

  public Integer anotherExample(int i) {
    Supplier<Integer> function = () -> i * 2;
    return function.get();
  }
}
```

함수 내부에서 매개변수가 아니라 클래스의 멤버 변수 i에 접근하고 싶다면 this 키워드를 사용해 변수에 명시적으로 접근할 수 있다. 예를 들면, 다음과 같다.

```
Supplier<Integer>
function = () -> i * 2;
```

다음 예제의 경우 yetAnotherExample 메소드 내부에 지역 범위를 가지는 변수들이 정의돼 있다. 람다는 그것을 둘러싸고 있는 변수 범위를 사용하기 때문에 예제와 같은 경우 람다 내부의 i는 메소드의 변수를 가리키게 된다. 즉 i는 5가 아니라 15가 된다.

```
public static class Example {
  int i = 5;

  public Integer yetAnotherExample() {
    int i = 15;
    Supplier<Integer> function = () -> i * 2;
    return function.get();
  }
}
```

결과를 직접 확인해보고 싶다면 변수를 출력하는 다음과 같은 메소드를 사용할 수 있다.

```
public static void main(String... args) {
  Example scoping = new Example();
  System.out.println("class scope = " +
  scoping.example());
  System.out.println("method param scope = " +
  scoping.anotherExample(10));
  System.out.println("method scope = " +
  scoping.yetAnotherExample());
}
```

결과는 다음과 같이 출력된다.

```
class scope = 10
method param scope = 20
method scope = 30
```

그래서 첫 번째 메소드는 클래스의 멤버 변수 5에 2를 곱한 10을 출력한다. 두 번째 메소드는 10에 2를 곱한 20을 출력하고, 마지막으로 세 번째 메소드는 지역 변수 15에 2를 곱한 30이 출력된다.

정적 변수 범위는 그것을 둘러싸고 있는 환경에 그 결정을 맡긴다. 각 예제들은 제각기 다른 환경 또는 변수 범위를 가지고 있다. 클래스 멤버 변수, 메소드의 매개변수, 그리고 메소드 내부에서 정의된 변수들을 봤다. 이 모든 경우에 람다는 일관성 있게 동작하고 그것을 둘러싸고 있는 변수 범위의 변수들을 참조한다.

람다의 변수 범위는 당신이 이미 자바의 기본 변수 범위에 익숙해져 있다면 직관적으로 느껴질 것인데 새삼스러울 것도 없다.

유사 파이널

자바 7에서 익명 클래스의 인스턴스로 넘겨지는 모든 변수들은 final이어야만 한다.

이것은 컴파일러가 실제로 익명 클래스의 인스턴스가 필요로 하는 변수 정보나 실행 환경을 복사해서 넘겨주기 때문이다. 만약 이런 상황에서 변수가 변경돼버리면 예측하지 못한 상황이 발생할 수 있다. 그래서 자바는 해당 변수가 변경되지 않아서 내부 클래스가 안심하고 작업할 수 있게 final로 선언되도록 강요하는 것이다. 여기서 안전하다는 의미는 레이스 컨디션이나 멀티스레드 환경에서 가시성 문제 등을 뜻한다.

관련된 예제를 살펴보자. 먼저 자바 7에서 사람들의 목록과 Predicate 클래스를 입력받는 filter 메소드를 생성하자.

조건과 일치하는 항목을 담고 있는 리스트를 생성하고 각 항목들을 순회하면서 predicate가 true로 반환되는지 테스트해본다.

만약 테스트가 참이라면 일치하는 목록을 담고 있는 리스트에 더해준다.

```
// 자바 7
private List<Person> filter(List<Person> people, Predicate<Person>
predicate) {
  ArrayList<Person> matches = new ArrayList<>();
  for (Person person : people)
    if (predicate.test(person))
      matches.add(person);
  return matches;
}
```

그리고 위의 메소드를 사용하는 예제를 만들어 은퇴 조건에 일치하는 모든 사람들을 담고 있는 목록을 반환하는 데 사용한다. 은퇴 연령을 지정하는 변수를 설정한 후 filter 메소드에 사람들의 정보를 담고 있는 목록과 Predicate 인터페이스의 새로운 익명 인스턴스를 넘겨준다.

이 익명 인스턴스는 사람의 연령이 retirementAge와 같거나 크다면 true를 반환하도록 구현한다.

```
public void findRetirees() {
  int retirementAge = 55;
  List<Person> retirees = filter(allPeople, new
  Predicate<Person>
  () {
    @Override
    public boolean test(Person person) {
      return person.getAge() >= retirementAge; // <-- 컴파일러 에러
    }
```

```
  });
}
```

이 예제를 컴파일해보면 변수 접근 시에 컴파일 에러가 발생하는 것을 볼 수 있다. 이는 변수가 final로 설정돼 있지 않기 때문인데 해당 변수를 final로 변경해줘야 한다.

```
final int retirementAge = 55;
```

 이와 같이 익명 클래스에 환경 정보를 넘겨주는 것은 클로저의 예다. 환경 정보는 클로저가 '감싸는(close)' 것이며, 주어진 작업을 처리하려면 변수를 점유해야만 한다. 자바 컴파일러는 이를 위해 같은 변수에 여러 번의 변화를 관리하기보다는 복사해 넘겨주는 기술을 사용한다. 클로저의 사용과 관련해 이런 행위는 변수 점유(Variable capture)라고 불린다.

자바 8은 '유사 파이널^{effectively final}'의 개념을 도입했는데 해당 변수가 변경되지 않음을 컴파일러가 계산해낼 수 있다면 final 변수로 사용되는 곳 어디서든지 사용할 수 있다. 컴파일러는 해당 변수를 final과 '유사'하게 해석한다.

이전 예제에서 컴파일러는 자바 8으로 변경하고 final 키워드를 제거하면 컴파일이 성공적으로 되는 것을 볼 수 있다.

변수가 final이 아니어도 그것이 변하지 않음을 자바가 알 수 있다면 유사 파이널로서 동작할 수 있다.

```
int retirementAge = 55;
```

물론 해당 변수를 여전히 final로 선언해도 컴파일은 성공한다.

그러나 우리가 변수를 초기화한 후 그것을 수정하려고 시도하면 어떨까?

```
int retirementAge = 55;
// ...
retirementAge = 65;
```

컴파일러가 변경을 감지하고 더 이상 해당 변수를 유사 파이널로 간주하지 않는다. 그리고 이전처럼 해당 변수를 final로 선언하도록 요구하는 컴파일 에러를 볼 수 있다. 반대로 변수 선언에 final을 더해도 변수는 유사 파이널이기 때문에 에러가 발생하지 않는다.

지금까지 유사 파이널의 개념을 익명 클래스 예제를 사용해 설명했는데, 이는 람다에서 전용 기능이 아니기 때문이다. 물론 람다에도 이를 적용 가능하다. 이 익명 클래스를 람다로 변경해도 아무것도 바뀌지 않는다. 여전히 변수를 final로 선언할 필요가 없는 것이다.

파이널 우회

여전히 final로 선언된 객체나 변수들의 내부 정보를 람다에서 변경하는 것으로 안전망을 우회할 수 있다.

예를 들어 사람들 목록에서 나이의 총합을 구하고 싶다고 가정하자. 다음과 같은 메소드를 만들어 반복을 통해 그 합을 구할 수 있다.

```
private static int sumAllAges(List<Person> people) {
  int sum = 0;
  for (Person person : people) {
    sum += person.getAge();
  }
  return sum;
}
```

리스트를 순환하면서 총합은 sum에 저장된다. 그 방법 대신 다음과 같이 반복 동작을 추상화해 각 요소에 적용하기 위한 함수로 제공할 수도 있다.

```java
public final static Integer forEach(List<Person> people, Function<Integer,
Integer> function) {
  Integer result = null;
  for (Person t : people) {
    result = function.apply(t.getAge());
  }
  return result;
}
```

그리고 합을 구하는 동작에 관해서는 따로 함수를 생성한다.

다음과 같이 익명 클래스를 사용해서 가능하다.

```java
private static void badExample() {
  Function<Integer, Integer> sum = new Function<Integer, Integer>
  () {
    private Integer sum = 0;

    @Override
    public Integer apply(Integer amount) {
      sum += amount;
      return sum;
    }
  };
}
```

예제 함수의 메소드는 정수를 입력받아 정수를 반환한다. 구현체에서 sum 변수는 클래스 멤버 변수고 함수가 호출될 때마다 변경된다. 이런 종류의 변경은 함수형 프로그래밍이라는 언어적 관점에서 봤을 때 좋지 않다.

그렇기는 하지만 일단 우리는 이 함수를 forEach 메소드에 다음과 같이 넘겨줄 수 있다.

```
forEach(allPeople, sum);
```

그러면 모든 사람들의 합을 구할 수 있다. 이는 동일한 함수의 인스턴스를 사용해 sum 변수가 반복문에서 계속 재사용되고 변경되기 때문에 가능하다.

안 좋은 소식은 이를 람다로 바꿀 수 없다는 것이다. 람다에는 멤버 변수와 같은 것이 존재하지 않기 때문에 람다식 외부를 제외하면 sum 변수를 저장할 곳이 존재하지 않는다.

```
double sum = 0;
forEach(allPeople, x -> {
  return sum += x;
});
```

그러나 변수가 유사 파이널이 아니라고 나타난다(람다식의 내부에서 변경되고 있다). 이는 반드시 final로 만들어져야 한다.

그럼 우리가 이 변수를 final로 변경하면 어떨까?

```
final double sum = 0;
forEach(allPeople, x -> {
  return sum += x;
});
```

더 이상 람다식 내부에서 변경하는 것이 불가능하다.

'닭이 먼저냐, 달걀이 먼저냐?'라는 문제에 빠지게 됐다. 이를 벗어나기 위한 비결은 객체를 사용하거나 배열을 사용하는 것이다. 그것들의 참조는 final로 유지되지만 그 내부는 변경될 수 있다.

```
int[] sum = {0};
forEach(allPeople, x -> sum[0] += x);
```

위 배열의 참조는 실제로 final이지만, 배열의 내용은 참조를 건드리지 않고 변경할 수 있다. 하지만 이는 이전에 이야기한 대로 안전 문제들과 관련해서 좋지 않은 방법으로 취급된다. 설명을 위해 이 방법을 사용했지만 자주 사용하는 것은 금물이다. 만약 당신이 더욱 함수형인 접근 방법을 사용한다면 부수 효과^{Side effect}[3]가 없는 함수를 생성하는 것이 낫고 그럼으로써 이런 문제들을 완전히 피할 수 있다.

이런 종류의 합산 작업을 위한 더 이상적인 방법은 자바 용어로는 리듀스^{Reduce}, 그외에는 폴드^{Fold}라고 불리는 것을 사용하는 것이다.

▌ 예외 처리

람다에는 예외 처리를 위한 새로운 문법이 존재하지 않는다. 람다에서 던져진 예외들은 일반 메소드 호출과 동일하게 호출한 곳으로 전파된다. 람다를 호출하거나 그것들의 예외를 처리하는 데 특별한 것은 없다.

그러나 몇 가지 알아둬야 하는 민감한 주제들이 존재한다. 첫 번째는 람다를 호출하는 입장에서 어쩌면 어떠한 예외가 던져질지 예측할 수 없다는 점이다. 두 번째는 람다의 작성자로서 어떤 환경에서 그것이 실행될지 알 수 없다는 점이다.

당신은 람다를 작성할 때 그것이 호출되는 메소드에서 어떻게 실행될지에 대해서는 일반적으로 책임지지 않는다. 모두 알고 있겠지만, 람다는 병렬, 또는 미래의 어느 시점에 처리될 수도 있기 때문에 람다가 던지는 예외들은 당신이 예상한 대로 처리되지 않을 수도 있다.

---

3 함수가 결과 값 이외의 다른 상태를 변경시키는 경우를 말한다. - 옮긴이

당신이 작성하는 프로그램의 흐름을 다루는 것처럼 예외를 처리할 수 있을 것이라 생각하면 안 된다.

이를 설명하기 위해 두 개의 메소드를 이어서 호출하는 코드를 작성한다. 편리한 람다 타입인 Runnable을 사용할 것이다.

```
public static void runInSequence(Runnable first, Runnable second) {
  first.run();
  second.run();
}
```

만약 첫 번째 run 호출에서 예외가 발생한다면 메소드는 실행을 중지하고 두 번째 메소드는 호출되지 않을 것이다. 메소드를 호출하는 쪽에게 이를 처리할 책임이 있는 것이다. 이런 메소드를 사용해 두 계좌 간의 이체를 진행한다면 두 가지 람다를 작성할 수 있을 것이다. 하나는 인출을 위한 것이고, 다른 하나는 입금을 위한 것이다.

```
public void transfer(BankAccount a, BankAccount b, Integer amount) {
  Runnable debit = () -> a.debit(amount);
  Runnable credit = () -> b.credit(amount);
}
```

그러고는 다음과 같이 runInSequence 메소드를 호출할 수 있다.

```
public void transfer(BankAccount a, BankAccount b, Integer amount) {
  Runnable debit = () -> a.debit(amount);
  Runnable credit = () -> b.credit(amount);
  runInSequence(debit, credit);
}
```

다음과 같은 try/catch 구문을 사용해 어떤 예외든지 발견하고 처리할 수 있다.

```
public void transfer(BankAccount a, BankAccount b, Integer amount) {
  Runnable debit = () -> a.debit(amount);
  Runnable credit = () -> b.credit(amount);
  try {
    runInSequence(debit, credit);
  } catch (Exception e) {
    // 계좌 잔액을 확인하고 롤백
  }
}
```

여기에 한 가지 문제가 있다. 람다를 작성한 사람으로서 runInSequence는 어떻게 구현되는지 알지 못할 수도 있다. 아마 다음과 같이 비동기적으로 구현됐을 수 있다.

```
public static void runInSequence(Runnable first, Runnable second) {
  new Thread(() -> {
    first.run();
    second.run();
  }).start();
}
```

first를 호출해서 발생한 예외가 스레드를 종료시키는 경우에는 기본 예외 처리기에 의해 처리되므로 클라이언트 코드는 예외를 처리할 기회를 잃게 된다.

콜백 사용

그런데 호출자와 다른 스레드에서 예외가 발생했을 때 생기는 특정 문제를 해결하기 위해서는 콜백 함수를 사용할 수 있다.

먼저 runInSequence 메소드에서 예외를 방어할 수 있다.

```java
public static void runInSequence(Runnable first, Runnable second) {
  new Thread(() -> {
    try {
      first.run();
      second.run();
    } catch (Exception e) {
      // ...
    }
  }).start();
}
```

그리고 예외가 발생했을 경우 처리해줄 예외 처리기를 인자로 받는다.

```java
public static void runInSequence(Runnable first, Runnable second,
    Consumer<Throwable> exceptionHandler) {
  new Thread(() -> {
    try {
      first.run();
      second.run();
    } catch (Exception e) {
      exceptionHandler.accept(e);
    }
  }).start();
}
```

Consumer는 함수형 인터페이스(자바 8에서 도입)로서 예제의 경우 예외를 accept 메소드의 인자로 받는다. 이것을 클라이언트에 적용시켜보면 모든 예외를 처리하기 위해 콜백 람다^{callback lambda}를 넘겨줄 수 있다.

```
public void nonBlockingTransfer(BankAccount a, BankAccount b, Integer
amount) {
  Runnable debit = () -> a.debit(amount);
  Runnable credit = () -> b.credit(amount);
  runInSequence(debit, credit, (exception) -> {
    /* 계좌 잔고를 확인하고 롤백 */
  });
}
```

이는 지연 처리의 좋은 예제지만 또한 약점도 가지고 있다. 예외 처리 메소드는 뒤늦게 원하는 시간에 실행될 수도 있으며(그렇지 않을 수도 있다), nonBlockingTransfer 메소드가 완료되고 은행 계좌는 그것이 호출될 때와는 다른 상태에 놓여 있을 수도 있다. 예외 처리기가 당신이 원하는 시점에 호출될 것이라 기대해서는 안 된다. 우리는 전체 동시성에 대한 문제를 열었다.

람다 작성 중의 예외 처리

람다를 작성하는 측면에서 예외를 다루는 법을 알아보자. 이후에는 람다를 호출할 때 예외를 다루는 법에 대해 알아본다. 람다를 사용해 송금 메소드를 작성하려 한다고 가정하는데, 이번에는 runInSequence 메소드를 제공하는 기존 라이브러리를 재사용한다.

시작하기에 앞서 BankAccount 클래스를 살펴보자. 이번에는 debit, credit 메소드 모두 검증된 예외^{checked exception}인 InsufficientFundsException을 발생시킨다.

```
class BankAccount {

  public void debit(int amount) throws InsufficientFundsException
  {
    // ...
  }

  public void credit(int amount) throws
  InsufficientFundsException
  {
    // ...
  }
}

class InsufficientFundsException extends Exception { }
```

이제 transfer 메소드를 생성하자. debit과 credit 람다를 생성해 runInSequence 메소드에 넘겨줄 것이다. runInSequence 메소드는 다른 라이브러리 작성자에 의해 쓰여졌기 때문에 우리가 그 구현을 수정할 수 없다는 점을 상기하자.

```
public void transfer(BankAccount a, BankAccount b, Integer amount) {
  Runnable debit = () -> a.debit(amount); <- 컴파일 에러
  Runnable credit = () -> b.credit(amount); <- 컴파일 에러
  runInSequence(debit, credit);
}
```

debit과 credit 모두 검증된 예외를 발생시키기 때문에 컴파일 에러를 볼 수 있다. 메소드 시그니처에 예외를 추가해도 달라지는 것은 없는데, 람다 내부에서 예외가 발생하고 있다. 람다 내부에서 발생한 예외는 호출하는 곳으로 전파된다고 이야기한 것을 기억하는가? 예제의 경우 runInSequence가 이에 해당하고, 이는 우리가 정의한 람다 때문이 아니다.

이 두 가지는 예외가 발생할 수 있는 연결 통로가 존재하지 않는다.

```java
// 여전히 컴파일되지 않는다
public void transfer(BankAccount a, BankAccount b, Integer amount)
    throws InsufficientFundsException {
  Runnable debit = () -> a.debit(amount);
  Runnable credit = () -> b.credit(amount);
  runInSequence(debit, credit);
}
```

그래서 우리가 람다와 그 호출자 사이에서 검증된 예외가 투명^{transparent}하도록 만들지 못한다면 한 가지 선택은 검증된 예외를 감싸는 런타임 예외를 생성하는 것이다.

```java
public void transfer(BankAccount a, BankAccount b, Integer amount) {
  Runnable debit = () -> {
    try {
      a.debit(amount);
    } catch (InsufficientFundsException e) {
      throw new RuntimeException(e);
    }
  };
  Runnable credit = () -> {
    try {
      b.credit(amount);
    } catch (InsufficientFundsException e) {
      throw new RuntimeException(e);
    }
  };
  runInSequence(debit, credit);
}
```

이것으로 컴파일 에러에서는 벗어났지만 아직 더 남은 것이 있다. 위 예제는 내용이 장황하고 여전히 runInSequence 호출에서 런타임 예외로 바뀐 예외를 처리해야만 한다.

```
public void transfer(BankAccount a, BankAccount b, Integer amount) {
  Runnable debit = () -> { ... };
  };
  Runnable credit = () -> { ... };
  try {
    runInSequence(debit, credit);
  } catch (RuntimeException e) {
    // 잔고를 검사하고 롤백
  }
}
```

여전히 신경 쓰이는 한두 가지 것들이 있다. 다소 광범위한 RuntimeException을 발생시키고 발견하고 있는 것이다. 만약 runInSequence에서 다른 에러가 있다고 해도 우리는 잘 알지 못하는 것이다. 그러므로 좀 더 명확하게 해두면 좋을 것이다. RuntimeException의 새로운 하위 타입을 만들고 대신 그것을 사용하자.

```
class InsufficientFundsRuntimeException extends RuntimeException {
  public
  InsufficientFundsRuntimeException(InsufficientFundsException
  cause) {
    super(cause);
  }
}
```

기존 람다가 새로운 예외를 발생시키도록 수정한 후에는 catch문의 예외를 우리가 원하는 예외인 InsufficientFundsRuntimeException으로 특정시킬 수 있다.

이제는 언제 그 기능이 사용되는지 시나리오를 다 이해했기 때문에 잔고를 확인하고 롤백하는 기능을 작성할 수 있다.

```
public void transfer(BankAccount a, BankAccount b, Integer amount) {
  Runnable debit = () -> {
    try {
      a.debit(amount);
    } catch (InsufficientFundsException e) {
      throw new InsufficientFundsRuntimeException(e);
    }
  };
  Runnable credit = () -> {
    try {
      b.credit(amount);
    } catch (InsufficientFundsException e) {
      throw new InsufficientFundsRuntimeException(e);
    }
  };
  try {
    runInSequence(debit, credit);
  } catch (InsufficientFundsRuntimeException e) {
    // 잔고를 검증하고 롤백
  }
}
```

이때 발생하는 문제는 실제 중요한 비즈니스 로직보다도 에러를 처리하기 위한 보일러플레이트Boilerplate 코드가 더 많아진다는 것이다. 람다는 코드를 간략하게 만들기 위해 도입됐지만 지금 이대로는 의미 없는 내용이 가득하다. 만약 우리가 검증된 예외를 처리하는 로직을 일반화해서 런타임 처리와 동일하게 만든다면 훨씬 나을 것이다. 시그니처의 제네릭을 사용해 예외 타입을 지정할 수 있는 함수형 인터페이스를 만들수 있다.

이를 Callable이라 이름 짓고 그것이 가지는 하나의 메소드는 call로 설정한다. JDK의 동일한 클래스와 혼동하지 말자. 여기서는 예외 처리를 설명하기 위해 새로운 클래스를 만들고 있다.

```
@FunctionalInterface
interface Callable<E extends Exception> {
  void call() throws E;
}
```

이전 transfer 구현을 변경해서 람다를 새로운 함수형 인터페이스의 타입과 일치하도록 변경한다. 이 부분은 잠시 그대로 두겠다.

```
public void transfer(BankAccount a, BankAccount b, Integer amount) {
  ??? debit = () -> a.debit(amount);
  ??? credit = () -> b.credit(amount);
}
```

타입 추론 영역에서 봤던 것처럼 Callable은 매개변수를 가지지 않고 동일한 반환 타입과 (아무것도 반환하지 않음) 예외를 선언하고 있기 때문에 자바가 그 유형을 알 수 있다. 단지 컴파일러에게 힌트를 줘서 Callable의 인스턴스로 할당할 수 있도록 해야한다.

```
public void transfer(BankAccount a, BankAccount b, Integer amount) {
  Callable<InsufficientFundsException> debit = () ->
  a.debit(amount);
  Callable<InsufficientFundsException> credit = () ->
  b.credit(amount);
}
```

함수형 인터페이스에 예외를 정의해뒀기 때문에 이와 같이 람다를 생성해도 에러를 발생시키지 않는다. 실제 사용하기 위해 호출했을 때 필요하다면 함수형 메소드의 시그니처에서 컴파일러 에러가 발생할 것이므로 지금 경고할 필요는 없으며, 일반적인 메소드 사용과 같다.

그러나 runInSequence 메소드에 넘겨주려고 하면 컴파일러 에러를 발생시킨다.

```
public void transfer(BankAccount a, BankAccount b, Integer amount) {
  Callable<InsufficientFundsException> debit = () ->
  a.debit(amount);
  Callable<InsufficientFundsException> credit = () ->
  b.credit(amount);
  runInSequence(debit, credit); <- 컴파일되지 않음
}
```

잘못된 타입의 람다며, 여전히 Runnable 타입의 람다가 필요하다. Callable을 Runnable 로 변경해주는 메소드를 작성해야 한다. 동시에 검증된 예외를 감싸서 런타임으로 변환해야 한다. 그 예는 다음과 같다.

```
public static Runnable unchecked(Callable<InsufficientFundsException>
function) {
  return () -> {
    try {
      function.call();
    } catch (InsufficientFundsException e) {
      throw new InsufficientFundsRuntimeException(e);
    }
  };
}
```

남아있는 작업은 우리가 작성한 람다들에 연결하는 것이다.

```
public void transfer(BankAccount a, BankAccount b, Integer amount) {
  Runnable debit = unchecked(() -> a.debit(amount));
  Runnable credit = unchecked(() -> b.credit(amount));
  runInSequence(debit, credit);
}
```

예외 처리 부분을 다시 살리면 좀 더 축약된 메소드 몸체를 가지고 이전과 동일하게 예상되는 예외를 처리할 수 있다.

```
public void transfer(BankAccount a, BankAccount b, Integer amount) {
  Runnable debit = unchecked(() -> a.debit(amount));
  Runnable credit = unchecked(() -> b.credit(amount));
  try {
    runInSequence(debit, credit);
  } catch (InsufficientFundsRuntimeException e) {
    // 잔고를 검증하고 롤백
  }
}
```

이런 접근 방법의 단점은 완전히 일반화된 해결책이 아니라는 것이며, 다른 함수의 검증되지 않은 메소드를 위해서는 변형된 것들을 만들어야 한다. 단순히 장황한 표현을 숨겼을 뿐이며, 비록 다른 곳으로 옮겨지긴 했지만 장황함은 여전히 존재한다. 재사용하긴 했지만, 예외 처리가 투명transparent하거나 검증된 에러를 사용하지 않았다면 이를 해결하기 위해 많은 노력을 들이지 않았을 것이다.

자바 7에서 람다 대신 익명 클래스를 사용했다고 하더라도 유사한 작업이 필요하다는 점을 알아두면 좋다. 자바 8 이전 버전에서 이와 같은 일들은 빈번하게 일어나고, 헬퍼 메소드를 사용해 장황함을 한곳으로 치워버리는 것으로 마무리될 것이다.

람다가 작은 기능 조각에 대해서는 축약된 표현을 지원하는 것이 확실하지만, 자바의 검증된 에러 모델 때문에 람다에서 예외를 처리하는 일들은 우리가 앞에서 본 것처럼 자주 장황함에 시달리게 된다.

람다 호출자(람다 호출 시 에러 처리)

지금까지 람다를 작성하는 입장에서 에러 처리를 다뤘는데 이제는 호출하는 입장에서 살펴보자.

runInSequence 메소드를 제공하는 라이브러리를 작성한다고 가정하자. 이번에는 우리가 제어할 수 있는 영역이 더 크고 Runnable을 람다 타입으로 사용하도록 한정되지 않았다. 라이브러리를 사용하는 클라이언트가 그들의 람다에서 에러 처리를 하는데(또는 런타임 에러를 감싸는 또 다른 에러를 만드는 일) 고생하는 것을 원하지 않기 때문에 검증된 에러를 발생시킬 수 있는 함수형 인터페이스를 제공할 것이다.

해당 인터페이스를 FinancialTransfer로 부르고 이는 transfer 메소드를 가진다.

```
@FunctionalInterface
interface FinancialTransfer {
  void transfer() throws InsufficientFundsException;
}
```

은행 작업이 이뤄질 때마다 잔고가 모자를 가능성이 있다고 가정하는 것이다. 그리고 람다를 인자로 받는 runInSequence 메소드를 작성한다.

```
public static void runInSequence(FinancialTransfer first,
    FinancialTransfer second) throws InsufficientFundsException
{
  first.transfer();
  second.transfer();
}
```

이것은 라이브러리 사용자가 메소드를 사용할 때 그들의 람다 내부에서 예외를 처리하도록 강요받지 않는 것을 의미한다. 예를 들면 다음과 같이 메소드를 사용한다.

```
// 클라이언트 사용 예
public void transfer(BankAccount a, BankAccount b, Integer amount) {
  FinancialTransfer debit = () -> a.debit(amount);
  FinancialTransfer credit = () -> b.credit(amount);
}
```

이번에는 람다를 생성해도 에러가 발생하지 않는다. 함수형 인터페이스가 이미 예외를 선언했기 때문에 BankAccount 메소드에서 예외를 런타임 예외로 감싸줄 필요가 없다. 그러나 runInSequence가 이제 검증된 예외를 발생시키는데, 이는 분명히 라이브러리 사용자가 컴파일 에러를 볼 가능성이 있음을 의미한다.

```
public void transfer(BankAccount a, BankAccount b, Integer amount) {
  FinancialTransfer debit = () -> a.debit(amount);
  FinancialTransfer credit = () -> b.credit(amount);
  runInSequence(debit, credit); <- 컴파일 에러
}
```

그래서 컴파일러를 정상으로 되돌리기 위해서는 try/catch 구문으로 이를 감싸줘야 한다.

```
public void transfer(BankAccount a, BankAccount b, Integer amount) {
  FinancialTransfer debit = () -> a.debit(amount);
  FinancialTransfer credit = () -> b.credit(amount);
  try {
    runInSequence(debit, credit); <- 컴파일 에러
  } catch (InsufficientFundsException e) {
    // 에러 처리
  }
}
```

결과는 이전에 본 것과 유사하지만 검증되지 않은 메소드는 필요로 하지 않는다. 라이브러리 개발자로서 사용자가 좀 더 쉽게 코드에 통합할 수 있도록 했다.

그러나 좀 더 특이한 것을 시도해보면 어떨까? runInSequence 메소드를 비동기로 만들어보자. 다른 스레드에서 예외가 발생한다면 호출자에게 전파되지 않기 때문에 메소드 시그니처에서 예외를 선언할 필요가 없다. 이와 같은 버전의 runInSequence 메소드는 throws문을 포함하지 않고 transfer는 더 이상 이를 다루지 않는다. 그러나 transfer 호출은 여전히 예외를 발생시킨다.

```
public static void runInSequence(Runnable first, Runnable second) {
  new Thread(() -> {
    first.transfer();  <- 컴파일 에러
    second.transfer();  <- 컴파일 에러
  }).start();
}

public void transfer(BankAccount a, BankAccount b, Integer amount) {
  FinancialTransfer debit = () -> a.debit(amount);
  FinancialTransfer credit = () -> b.credit(amount);
  runInSequence(debit, credit);  <- 컴파일 에러
}
```

runInSequence 메소드에 여전히 컴파일 에러가 발생한 채로 이 에러를 처리할 다른 방법을 찾아야 한다. 한 가지 방법은 에러가 발생했을 때 이를 처리할 함수를 넘겨주는 것이다. 이 람다를 사용해 호출자와 비동기적으로 실행되는 코드를 다시 연결할 수 있다.

먼저 catch문을 다시 사용해 함수형 인터페이스를 에러 처리를 위해 사용할 수 있다. 여기서는 Consumer 인터페이스를 사용했는데, 자바 8에서 새로 도입됐고 java.util.function 패키지의 일부분이다. 그리고 catch 블록에서 예외 원인을 넘겨주며 인터페이스 메소드를 호출한다.

```
public void runInSequence(FinancialTransfer first,
    FinancialTransfer second,
    Consumer<InsufficientFundsException> exceptionHandler) {
  new Thread(() -> {
    try {
      first.transfer();
      second.transfer();
    } catch (InsufficientFundsException e) {
      exceptionHandler.accept(e);
    }
  }).start();
}
```

이를 호출하기 위해 transfer 메소드를 변경해서 콜백으로 람다를 넘겨주도록 해야
한다. 아래에 보이는 인자 exception은 runInSequence 내의 accept로 넘겨진 예외가
될 것이다. 이는 InsufficientFundsException의 인스턴스가 될 것이고 사용자는 원
하는 대로 에러를 처리할 수 있다.

```
public void transfer(BankAccount a, BankAccount b, Integer amount) {
  FinancialTransfer debit = () -> a.debit(amount);
  FinancialTransfer credit = () -> b.credit(amount);
  Consumer<InsufficientFundsException> handler = (exception) -> {
    /* 잔고를 확인하고 롤백 */
  };
  runInSequenceNonBlocking(debit, credit, handler);
}
```

이것으로 됐다. 라이브러리 사용자에게 검증된 예외 처리를 강요하기보다는 대안이 될
만한 예외 처리 방법을 제공했다.

라이브러리 코드에 예외 처리 기능을 내재화시켰는데, 이는 지연된 실행의 좋은 예다.
만약 예외가 발생한다 해도 사용자는 언제 에러 처리기가 호출될지 알아야 할 필요가

94

없다. 예를 들어 다른 스레드에서 실행되고 있으므로 계좌 정보 자체는 실행되는 시점에 변경될 수도 있다. 예외를 사용해 프로그램의 흐름을 제어하는 방법은 잘못됐다는 점을 강조해도 좋다. 예외 처리기가 당신이 원하는 시점에 호출될 것이라 기대해서는 안 된다.

▎ 람다 vs. 클로저

클로저와 람다는 서로 동일한 의미처럼 자주 사용되지만, 사실 이 두 가지는 명백히 다르다. 이번 절에서는 그 차이점을 알아보고 명확히 구분할 수 있도록 한다. 다음 표는 자바 메이저 버전의 출시일을 보여준다.

자바 5는 2004년 출시됐는데 제네릭 지원과 같은 큰 언어적 변화를 포함하고 있었다.

자바 버전	출시 연도	이전 버전 출시로부터의 시간 간격
1.0	1996	-
1.1	1997	+1
1.2	1998	+1
1.3	2000	+2
1.4	2002	+2
5.0	2004	+2
6.0	2006	+2
7.0	2011	+5
8.0	2014	+3

2008년에서 2010년 사이에는 자바에 클로저를 도입하기 위해 많은 일들이 일어났다. 그 변화들은 자바 7에 반영될 예정이었으나 시간에 맞추지 못했다. 대신 자바 8의 람다 지원으로 진화하게 됐다. 불행하게도 그때부터 사람들은 '클로저'와 '람다'를 번갈아 가면서 쓰게 됐으며 그때부터 자바 커뮤니티에 혼란을 주게 됐다. 실제로는 OpenJDK

의 사이트에 클로저와 람다를 위한 페이지가 각각 존재한다.

OpenJDK의 프로젝트 관점에서 보면 그들은 실제로 '람다'라는 용어를 일관되게 사용했어야 한다.

하지만 현실에서는 OpenJDK 측이 그것을 잘못 받아들이고 자바가 1.1부터 클로저를 지원했다는 사실을 무시했다!

클로저와 람다 사이에는 기술적인 차이가 존재하므로 내가 약간 젠체하는 것일 수도 있지만, 두 가지 프로젝트의 목적은 같은 것임에도 불구하고 이 용어들을 일관되지 않게 사용했다. 그래서 결국 람다와 클로저의 차이는 무엇인가? 기본적으로 클로저는 람다의 한 종류지만 람다는 반드시 클로저가 아니다.

기본적인 차이점

실질적으로 람다와 클로저는 모두 익명의 특정 기능 블록이다. 그렇지만 그 사이에는 중요한 차이점이 존재한다.

클로저는 외부 변수에 의존하는 반면(인자뿐만 아니라), 람다는 그 인자에만 의존적이다. 클로저는 그것이 필요로 하는 환경 정보를 '둘러싸기Close over' 때문에 붙은 이름이다. 예를 들면 다음과 같다.

```
(server) -> server.isRunning();
```

이것은 람다다.

```
() -> server.isRunning();
```

하지만 이것은 클로저다.

두 가지 모두 특정 서버가 구동 중인지를 나타내는 불리언 값을 반환하지만, 하나는 인자를 사용하고 나머지는 어딘가에 있는 변수를 사용한다. 두 가지 경우 모두 람다다. 일반적으로 두 가지 모두 자바 언어의 관점에서 봤을 때 익명의 특정 기능 블록이고 모두 새로운 람다 문법을 사용한다.

첫 번째 예제는 람다에 인자로 넘겨진 server 변수를 참조하는 반면에 두 번째 예제는 (클로저) 어디에선가 정의된 server 변수를 사용하는데 그 위치는 바로 환경 정보다. 변수의 인스턴스에 접근하려면 람다가 환경 변수나 server 변수의 값을 점유하거나 에워싸야만 한다. 이전에 유사 파이널에 대해 설명할 때 작동하는 것을 확인했다.

좀 더 명확히 하기 위해 예제를 확장시켜보자. 먼저 단순히 폴링한 후 대기하는 정적 메소드를 정의하자. 이 함수는 폴링 시마다 특정 조건을 만족하는지 살펴보는 함수형 인터페이스를 확인할 것이다.

```
class WaitFor {
  static <T> void waitFor(T input, Predicate<T> predicate)
      throws InterruptedException {
    while (!predicate.test(input))
      Thread.sleep(250);
  }
}
```

함수형 인터페이스로 Predicate(java.util 패키지의 또 다른 인터페이스)를 사용해 검증을 실행하고 조건이 거짓이라면 짧은 시간 동안 멈춘다. 어떤 HTTP 서버가 구동 중인지 확인하는 간단한 람다와 함께 이 메소드를 사용할 수 있다.

```
void lambda() throws InterruptedException {
  waitFor(new HttpServer(), (server) -> !server.isRunning());
}
```

서버 매개변수는 waitFor 메소드를 통해 제공되며 방금 정의한 HttpServer의 인스턴스가 될 것이다. 런타임에 제공하는 서버 변수를 컴파일러가 점유할 필요가 없기 때문에 이것은 람다다.

 우연히, 메소드 참조를 사용할 수도 있었을 것이다.
waitFor(new HttpServer(), HttpServer::isRunning);

이제 만약 이것을 클로저를 사용해 구현한다면 다음과 같이 보일 것이다. 먼저 또 다른 waitFor 메소드를 추가해야 한다.

```
static void waitFor(Condition condition) throws InterruptedException {
  while (!condition.isSatisfied())
    Thread.sleep(250);
}
```

이번에는 좀 더 간단한 시그니처를 가지고 있다. 어떠한 인자도 필요로 하지 않는 함수형 인터페이스를 넘겨준다. Condition 인터페이스는 간단히 인자 없는 isSatisfied 메소드를 가지고 있는데 이것은 실제 구현에서 필요로 하는 정보를 제공해야 함을 암시한다. 이것의 사용은 이미 클로저를 사용하는 것이라고 암시하고 있다.

위의 클로저를 사용해 다음과 같은 것을 작성할 수 있다.

```
void closure() throws InterruptedException {
  Server server = new HttpServer();
  waitFor(() -> !server.isRunning());
}
```

서버 인스턴스가 람다의 인스턴스에 매개변수로 넘겨지지 않고 그것을 둘러싸고 있는 변수 범위에 접근하고 있다. 클래스 내에 정의한 변수를 람다가 직접 사용하고 있다. 이 변수는 점유되거나 컴파일러에 의해 복사돼야 한다. 람다가 server 변수를 에워싸는 것이다.

'에워싸기'라는 표현을 쓴 것은 람다 표현식과 열려 있는 바인딩(또는 자유 변수들)이 정적인 환경 변수들이나 변수 범위를 둘러싸기 때문이다. 그것의 결과는 닫힌 표현식이 되고, 바인딩되지 않은 변수들은 남지 않게 된다. 좀 더 정확히 이야기하면 클로저가 에워싸는 것은 값이지 변수 자체가 아니다.

지금까지 클로저가 익명의 기능 블록을 위해 사용되는 것을 봤고 유사한 기능을 가지는 람다와의 차이점을 알아봤다. 그러나 여전히 유용하게 활용할 수 있는 차이점이 남아있다.

기타 차이점들

익명 함수는 이름이 없는 함수형 리터럴Functional literal인 반면, 클로저는 함수의 인스턴스다. 개념적으로 람다는 인스턴스 변수를 가지지 않는데 그것 자체가 인스턴스가 아니기 때문이다. 람다의 변수들은 매개변수로서 전달된다. 그러나 클로저는 인스턴스가 생성될 때 제공되는 인스턴스 변수를 가지고 있다.

이런 사실 때문에 한 번만 평가가 이뤄지는 람다가 클로저보다 효율적으로 동작한다. 함수를 한 번 만들고 나면 재사용이 가능하다. 클로저는 그것의 로컬 환경에 없는 무엇인가를 감싸기 때문에 그것이 호출될 때마다 다시 평가돼야 한다. 인스턴스는 사용될 때마다 갱신돼야만 한다. '함수와 클래스' 절에서 다뤘던 모든 문제들도 연관이 있다. 람다보다는 클로저를 사용할 때 메모리에 관해 고려해야 할 것들이 있을 수도 있다.

요약

지금까지 많은 것들을 이야기했으니 여기서는 그 차이점들을 간략히 요약해보자.

람다는 단순히 익명 함수며 자바의 정적 메소드와 유사하다. 정적 메소드와 마찬가지로 그들의 인자 외에는 변수 범위 밖에 있는 변수들에 접근할 수 없다. 특별한 종류의 람다인 클로저는 그들의 변수 범위 밖에 있는 변수들을 점유(또는 둘러싸기)할 수 있는데 그럼으로써 외부 변수들을 인자로 사용할 수 있다. 그래서 간단한 원칙은 람다가 자신의 범위 밖에 있는 변수를 사용하면 그것은 동시에 클로저라는 것이다.

클로저는 함수의 인스턴스로 생각될 수 있는데, 이는 자바 개발자에게 생소한 개념일 것이다.

새로운 람다 문법이 존재하지 않았을 때 넘겨주던 종전의 익명 클래스가 좋은 예가 될 것이다. 이것은 변수들을 '감싸기' 때문에 클로저다. 그래서 자바 1.1 버전부터 클로저를 지원해왔다.

다음 예제를 살펴보자. server 변수는 컴파일러가 그것을 점유함으로써 Condition인터페이스를 구현한 익명 인스턴스에서 사용되고 있다. 이는 익명 클래스 인스턴스인동시에 클로저다.

```
@since Java 1.1!
void anonymousClassClosure() {
  Server server = new HttpServer();
  waitFor(new Condition() {
    @Override
    public Boolean isSatisfied() {
      return !server.isRunning();
    }
  });
}
```

람다가 항상 클로저는 아니지만 클로저는 항상 람다다.

이번 절에서는 익명 클래스와 람다를 컴파일할 때 컴파일러의 결과물이 어떻게 다른 지 알아볼 것이다. 먼저 자바 바이트코드와 그것을 읽는 법에 대해 상기시킨다. 그리고 익명 클래스와 람다가 변수를 점유할 때와 그렇지 않은 경우를 모두 살펴본다. 자바 8 이전의 클로저와 람다를 비교하고, 람다가 단순히 설탕 구문이 아니라 기존 방법과 비 교해 얼마나 다른 바이트코드를 생성하는지 알아본다.

바이트코드 개요

바이트코드에 대해 우리가 알고 있는 정보를 간략히 살펴보는 것으로 시작하자.

소스 코드를 기계가 실행할 수 있는 코드로 변경하기 위해 자바 컴파일러는 바이트코 드를 생성한다. 이는 JVM에 의해 해석되거나 JIT$^{Just-in-time}$ 컴파일러에 의해 재컴파일 된다.

바이트코드가 해석될 때 그것은 기계어로 즉시 변경되고 실행된다. 이것은 JVM이 바 이트코드를 만날 때마다 발생한다.

바이트코드가 JIT로 컴파일될 때는 JVM이 그것을 기계어로 먼저 변경한 후 실행한다.

두 가지 경우 모두 런타임에 발생하지만 JIT 컴파일은 많은 최적화를 위한 다양한 기 능을 제공한다.

그래서 자바 바이트코드는 소스 코드와 기계 코드의 중간에 위치하는 표현 방식이다.

 관련 소식을 간략히 이야기하자면, JIT 컴파일러는 몇 년간 그 명성을 유지해왔다. 그 러나 우리의 소개 글 이전으로 한참 되돌아가 보면 존 맥카시(John McCarthy)가 처 음 JIT 컴파일에 대해 글을 쓴 것은 1960년도다. 그래서 리스프(LISP) 영향을 받 은 것이 람다 지원만은 아니라는 생각이 흥미롭게 다가온다(Aycock 2003, 2. JIT Compilation Techniques, 2.1 Genesis, p. 98).

바이트코드는 JVM을 위한 명령어 모음이다. 그 이름에서 떠올릴 수 있듯이 바이트 코드는 바이트 단위의 명령어(연산 코드^{opcode}라고 불리움)와 인자들을 위한 연관 바이트 associated byte로 구성돼 있다. 총 사용 가능한 연산 코드는 256가지가 존재하지만 200가 지 정도만 실제로 사용된다.

JVM은 스택 기반의 계산 모델을 사용하며, 숫자를 증가시키고 싶다면 스택을 사용해 야 한다. 모든 연산들과 연산 코드들은 스택으로 작동한다.

예를 들어 5 + 1은 5 1 + 로 바뀌는데 5가 먼저 스택에 푸시된다.

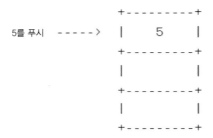

그리고 1이 푸시된다.

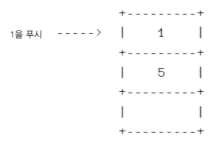

그리고 + 연산이 적용된다. 더하기는 상위 두 가지 항목을 팝^{pop}해서 숫자를 더한 후 결과를 다시 스택에 푸시한다. 결과는 다음과 같을 것이다.

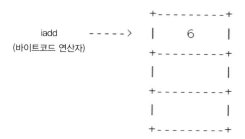

각각의 연산 코드는 이와 같이 스택으로 동작하기 때문에 예제를 다음과 같은 일련의 자바 바이트코드로 변환 가능하다.

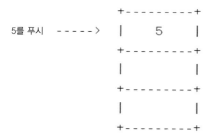

5를 푸시하는 연산 코드는 iconst_5가 된다.

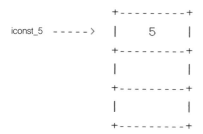

1을 푸시하는 연산 코드는 iconst_1이 된다.

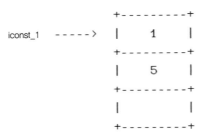

그리고 add는 iadd가 된다.

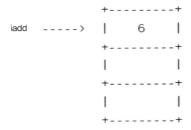

icons_x와 iadd는 연산 코드의 예제다. 연산 코드는 주로 접두사와 접미사로 대상 타입을 표현하는데, 이 예제에서 i는 정수integer를 의미하고 x는 연산 코드에 한정된 접미사다.

연산 코드를 다음과 같이 구분할 수 있다.

그룹	예제
스택 조작	aload_n, istore, swap, dup2
흐름 제어 연산	goto, ifeq, iflt
객체 상호작용	new, invokespecial, areturn
산술 연산, 로직과 타입 변환	iadd, fcmpl, i2b

aload나 istore와 같은 연산들은 스택을 조작하는 데 사용한다. If와 while문처럼 프로그램의 흐름을 조작하려면 goto와 ifeq를 사용한다.

새로운 객체와 접근 메소드는 new와 invokespecial 같은 연산 코드를 사용한다. 람다를 호출하기 위해 사용되는 여러 가지 연산 코드를 살펴볼 때 이것들을 주의 깊게 다룰 것이다.

산술 연산, 로직과 타입 변환을 위한 그룹은 iadd와 부동 소수의 비교를 위한 fcmpl, 그리고 정수를 바이트로 변환하기 위한 i2b 등을 포함한다.

기술자

연산 코드는 종종 인자들을 사용하는데 룩업 테이블을 통해 참조되기 때문에 바이트코드를 읽다 보면 아리송해진다. 내부적으로 자바는 이 인자들을 서술하기 위해 기술자^{Descriptor}라는 것을 사용한다.

기술자는 타입과 특정 문법을 가지는 시그니처를 서술하는데 바이트코드 전체에 걸쳐서 보게 될 것이다. 컴파일러와 디버그 결과에서 동일한 문법이 사용된 것을 자주 볼 수 있기 때문에 여기서 알아보고 넘어가면 도움이 될 것이다.

다음은 메소드 시그니처 기술자의 예제다.

```
Example$1."<init>":(Lcom/foo/Example;Lcom/foo/Server;)V
```

위 예제는 $1 클래스의 생성자를 설명하고 있는데, 여기서 $1 클래스는 다른 클래스 내부에 정의된 첫 번째의 익명 클래스 인스턴스로서 그 이름은 JVM이 생성한 것이다. 여기서는 Example 클래스 내부의 익명 클래스가 된다. 그래서 두 가지 인자를 필요로 하는 익명 클래스의 생성자를 나타내고 있는데, 이 인자들은 $1 클래스의 외부 클래스인 com.foo.Example과 com.foo.Server의 인스턴스다.

생성자이므로 해당 메소드는 아무것도 반환하지 않는다. 문자 V는 void를 의미한다.

다음과 같은 기술자 문법의 상세를 살펴보자. 기술자의 대문자 Z는 불리언 값을 나타내고 대문자 B는 바이트를 나타내는 식이다.

기술자 문법	자바 타입
Z	boolean
B	byte
C	char
S	short
I	int
J	long
F	float
D	double
L 클래스명;	전체 클래스명
[타입	[타입]
(args) 타입	메소드 타입
V	void (리턴 타입 없음)

관련해 몇 가지 언급해야 할 내용들이 있다.

- 클래스는 대문자 L 이후에 전체 이름을 명시하며 그다음에 세미콜론(;)이 따라나온다. 클래스명은 점(.)이 아니라 슬래시(/)로 나눠서 표기한다.
- 배열은 대괄호 시작 기호([)에 이어서 해당 타입을 표시한다. 대괄호를 닫지 않는다.

메소드 시그니처 변환하기

다음 메소드 시그니처를 메소드 기술자로 변경해보자.

```
long f (int n, String s, int[] array);
```

위 메소드는 long 타입을 반환하므로 소괄호로 메소드를 표현하고 long 타입을 뜻하는 대문자 J를 이어서 명시한다.

```
( )J
```

첫 번째 인자는 정수형 타입이니 대문자 I를 사용한다.

```
(I)J
```

다음 인자는 객체이기 때문에 L을 사용해 전체 클래스명을 명시하고 세미콜론으로 끝낸다.

```
(ILString;)J
```

마지막 인자인 정수 배열은 배열 문법에 이어서 정수 타입을 명시해준다.

```
(ILString;[I)J
```

이것으로 JVM 메소드 기술자에 관한 내용은 끝이다.

예제 코드들

생성된 바이트코드 예제 몇 가지를 둘러보자.

'람다 vs. 클로저' 절에서 봤던 예제들을 바탕으로 명확한 네 가지 기능을 위한 다음과 같은 바이트코드를 볼 것이다.

1. 간단한 익명 클래스
2. 변수들을 점유하는 익명 클래스(구식 클로저 스타일)
3. 인자 없는 람다식
4. 인자 있는 람다식
5. 변수들을 점유하는 람다식(새로운 스타일의 클로저)

바이트코드 예제들은 javap 커맨드라인 도구를 사용해 생성됐다. 여기서는 전체 바이트코드의 일부분만 보여지므로 전체 소스와 바이트코드 목록은 이 책의 부록을 참고하자. 또한 가시성을 높이기 위해 완전한 클래스명은 축약해서 표현됐으니 참고하자.

예제1

첫 번째 예제는 우리가 작성한 waitFor 메소드로 넘겨진 익명 클래스의 인스턴스다.

```
public class Example1 {
  // 익명 클래스
  void example() throws InterruptedException {
    waitFor(new Condition() {
      @Override
      public Boolean isSatisfied() {
        return true;
      }
    });
  }
}
```

다음의 바이트코드를 살펴보면 익명 클래스의 인스턴스가 여섯 번째 줄에서 생성되는 것을 확인할 수 있다. #2는 룩업 테이블을 참조하며 주석에 적혀 있는 대로 Example1$1 클래스를 가리킨다. 그래서 #2가 상수 풀에서 어떤 값을 가리키고 있든 간에 new 연산 코드와 함께 사용된다.

```
void example() throws java.lang.InterruptedException;
  descriptor: ()V
  flags:
  Code:
    stack=3, locals=1, args_size=1
      0: new           #2  // 클래스 Example1$1
      3: dup
      4: aload_0
      5: invokespecial #3  // 메소드 Example1$1."":(LExample1;)V
      8: invokestatic  #4  // 메소드 WaitFor.waitFor:
         (LCondition;)V
     11: return
    LineNumberTable:
      line 10: 0
      line 16: 11
    LocalVariableTable:
      Start Length Slot Name Signature
          0     12     0 this LExample1;
  Exceptions:
    throws java.lang.InterruptedException
```

생성이 끝난 후 아홉 번째 줄에서 invokespecial로 생성자를 호출하고 있다. 이 연산 코드는 생성자 메소드와 private 메소드, 그리고 상위 클래스로부터 접근 가능한 메소드를 호출하는 데 사용된다. 메소드 기술자가 Example1의 참조를 포함하고 있는 것이 보이는데 모든 익명 클래스 인스턴스는 암시적으로 부모 클래스의 참조를 포함한다.

다음 단계는 invokestatic을 사용해 10번째 줄에서 익명 클래스로 넘겨진 waitFor 메소드를 호출한다. invokestatic 연산 코드는 정적 메소드를 호출하는 데 사용되며 객체 구조에서 어떤 것을 호출해야 하는지 알아내기보다 직접 호출하기 때문에 빠르게 동작한다.

예제2

클래스 Example2는 또 다른 익명 클래스지만 이번 예제에서는 server 변수를 둘러싼다. 이것은 구식 스타일의 클로저다.

```
public class Example2 {
  // 익명 클래스(클로저)
  void example( ) throws InterruptedException {
    Server server = new HttpServer( );
    waitFor(new Condition( ) {
      @Override
      public Boolean isSatisfied( ) {
        return !server.isRunning( );
      }
    });
  }
}
```

Server 클래스의 인스턴스가 생성된다는 것만 제외하면(세 번째 줄) 이전 바이트코드와 유사하며, 다섯 번째 줄에서 생성자가 호출되고 있다. 익명 클래스의 인스턴스 $1은 여전히 invokespecial로 생성되고 있는데(11번째 줄) 이번에는 Server 클래스와 호출 클래스의 인스턴스를 모두 매개변수로 넘겨주고 있다.

server 변수를 둘러싸기 위해 익명 클래스로 직접 넘겨지고 있다.

```
void example() throws java.lang.InterruptedException;
  Code:
     0: new #2 // 클래스 Server$HttpServer
     3: dup
     4: invokespecial #3 // 메소드 Server$HttpServer."":()V
     7: astore_1
     8: new #4 // 클래스 Example2$1
    11: dup
    12: aload_0
    13: aload_1
    14: invokespecial #5 // 메소드 Example2$1."":
        (LExample2;LServer;)V
    17: invokestatic #6 // 메소드 WaitFor.waitFor:(LCondition;)V
    20: return
```

예제3

Example3 클래스는 자바 람다와 waitFor를 동시에 사용한다. 람다식은 단지 true를 반환하는데 예제1과 동일하다.

```
public class Example3 {
  // 간단한 람다
  void example() throws InterruptedException {
    waitFor(() -> true);
  }
}
```

이번 바이트코드는 아주 간단하다. 세 번째 줄에서 invokedynamic 연산 코드를 사용해 람다를 생성하고 있는데, 이것은 바로 다음 줄의 invokestatic 연산 코드에 넘겨진다.

```
void example( ) throws java.lang.InterruptedException;
   Code:
      0: invokedynamic #2, 0 // InvokeDynamic #0:isSatisfied:
         ( )LCondition;
      5: invokestatic #3 // 메소드 WaitFor.waitFor:(LCondition;)V
      8: return
```

invokedymaic 호출의 기술자는 Condition 인터페이스의 isSatisfieda 메소드를 대상으로 한다(세 번째 줄).

여기서 확인할 수 없는 것은 invokedymaic의 작동 원리다. invokedynamic 연산 코드는 자바 7부터 새롭게 도입됐는데 JVM의 동적 언어 지원 확대를 위해 제공됐다. 이것은 타입과 메소드를 실행 시간 전까지 연결linking하지 않는 것으로 동작한다. 또 다른 'invoke' 계열의 연산 코드들은 모두 컴파일 시간에 타입을 결정한다.

람다에게 이것은 방금 본 것과 같이 견본placeholder 메소드 호출을 바이트코드로 만들어 놓고 실제 구현은 실행 환경의 JVM에서 일어날 수 있다는 뜻이다. 상수 풀을 포함하는 더 상세한 바이트코드를 살펴보면 룩업 테이블을 역추적할 수 있다. 예를 들어 2를 검색해보면 #0과 #26을 참조하고 있는 것을 볼 수 있다.

```
Constant pool:
  #1 = Methodref #6.#21 // Object."":( )V
  #2 = InvokeDynamic #0:#26 // #0:isSatisfied:( )LCondition;
  ...
BootstrapMethods:
  0: #23 invokestatic LambdaMetafactory.metafactory:
          (LMethodHandles$Lookup;LString;
           LMethodType;LMethodType;
           LMethodHandle;LMethodType;)LCallSite;
   Method arguments:
     #24 ( )LBoolean;
     #25 invokestatic Example3.lambda$example$25:( )LBoolean;
     #24 ( )LBoolean;
```

상수 0은 부트스트래핑 메소드를 위한 특별한 용도의 룩업 테이블이다(여섯 번째 줄). 그것은 람다를 생성하기 위해 JDK의 `LambdaMetaFactory` 정적 메소드 호출을 참조한다. 이곳이 중요한 일이 일어나는 부분이다. 적용할 타입을 알아내기 위한 대상 타입 추론과 부분적인 인자 값 계산들이 이곳에서 이뤄진다.

실제 람다는 12번째 줄에서 매개변수가 없고 불리언을 반환하는 `lambda$example$25` 메소드 핸들로 확인할 수 있다. 그것은 `invokestatic`을 사용해 호출되는데 진정한 의미의 함수로 처리되고 있음을 나타낸다. 즉 호출과 관련된 어떠한 객체도 존재하지 않는 것이다. 또한 이전의 익명 클래스 예제와 다르게 그것을 둘러싸고 있는 클래스에 대한 암시적인 참조도 없다.

람다는 `LambdaMetafactory`로 넘겨지는데 상수 풀을 살펴보면 메소드 핸들 형태인 것을 알 수 있다. 람다의 숫자는 컴파일러가 할당해준 것이며 0부터 람다가 필요할 때마다 차례대로 증가한다.

```
Constant pool:
  // invokestatic Example3.lambda$example$25:()LBoolean;
  #25 = MethodHandle #6:#35
```

예제4

Example4 클래스는 또 다른 람다 관련 예지만 Server의 인스턴스를 매개변수로 받는다. 예제2와 기능상으로는 동일하지만 클로저가 아니기 때문에 변수를 감싸지 않는다.

```java
public class Example4 {
  // 인자 있는 람다
  void example() throws InterruptedException {
    waitFor(new HttpServer(), (server) -> server.isRunning());
```

```
      }
}
```

예제2와 같이 바이트코드를 보면 Server의 인스턴스가 생성되고 있지만, 이번에는
invokedynamic 연산 코드가 Predicate 타입의 test 메소드를 참조하고 있는 것을
볼 수 있다. #4의 참조를 따라서 부트스트랩 메소드 테이블로 가보면, 실제 람다가
HttpServer 클래스를 인자로 필요로 하고 자바 기본 타입 boolean을 반환하는 것을
확인할 수 있다.

```
void example() throws java.lang.InterruptedException;
  descriptor: ()V
  flags:
  Code:
    stack=2, locals=1, args_size=1
      0: new           #2 // 클래스 Server$HttpServer
      3: dup
      4: invokespecial #3 // 메소드 Server$HttpServer."":()V
      7: invokedynamic #4, 0 // InvokeDynamic #0:test:
         ()LPredicate;
     12: invokestatic  #5 // 메소드 WaitFor.waitFor:
         (LObject;LPredicate;)V
     15: return
    LineNumberTable:
      line 13: 0
      line 15: 15
    LocalVariableTable:
      Start Length Slot Name Signature
          0     16    0 this LExample4;
  Exceptions:
    throws java.lang.InterruptedException
```

그래서 실제 람다 호출은 이전과 같이 정적 메소드 호출이지만 이번에는 호출 시점에 매개변수를 필요로 한다.

예제4(메소드 참조 사용)

흥미롭게도 이전 방법들 대신 메소드 참조를 사용하면 기능은 정확히 동일하지만 바이트코드 결과물에는 차이가 있다.

```
public class Example4_method_reference {
  // 메소드 참조를 사용한 람다
  void example() throws InterruptedException {
    waitFor(new HttpServer(), HttpServer::isRunning);
  }
}
```

최종 실행이 이뤄질 때 LambdaMetafactory를 호출해, method_reference는 invokestatic 이 아니라 invokevirtual을 호출하게 된다.

연산 코드 invokevirtual은 public, protected, 그리고 패키지 protected 메소드를 호출하는 데 사용한다. 이것은 인스턴스가 필요로 함을 의미한다. 이 인스턴스는 metafactory 메소드에 공급되며 람다(또는 정적 함수)가 전혀 필요하지 않다. 예제 바이트코드에 lambda$가 보이지 않는 것을 알 수 있다.

```
void example() throws java.lang.InterruptedException;
  descriptor: ()V
  flags:
  Code:
    stack=2, locals=1, args_size=1
      0: new #2 // 클래스 Server$HttpServer
      3: dup
      4: invokespecial #3 // 메소드 Server$HttpServer."":()V
```

```
    7: invokedynamic #4, 0 // InvokeDynamic #0:test:
       ( )LPredicate;
   12: invokestatic #5 // 메소드 WaitFor.waitFor:
       (LObject;LPredicate;)V
   15: return
  LineNumberTable:
    line 11: 0
    line 12: 15
  LocalVariableTable:
    Start Length Slot Name Signature
        0      16     0 this LExample4_method_reference;
Exceptions:
  throws java.lang.InterruptedException
```

예제5

마지막으로 예제5는 람다지만 Server 인스턴스를 감싸며, 예제2와 동일하지만 새로운
스타일의 클로저를 사용한다.

```
public class Example5 {
  // 클로저
  void example() throws InterruptedException {
    Server server = new HttpServer();
    waitFor(() -> !server.isRunning());
  }
}
```

다른 람다들과 기본적으로는 동일하게 동작하지만 부트스트랩 메소드 테이블에서
metafactory 메소드를 찾아보면 이번에는 람다의 메소드 핸들이 Server 타입의 매개
변수를 가지고 있는 것을 확인할 수 있다. 이것은 invokestatic을 사용해(아홉 번째 줄)
호출되고 있으며 변수는 호출 시점에 람다로 직접 넘겨지고 있다.

116

```
BootstrapMethods:
  0: #34 invokestatic LambdaMetafactory.metafactory:
          (LMethodHandles$Lookup;
          LString;LMethodType;
          LMethodType;
          LMethodHandle;LMethodType;)LCallSite;
    Method arguments:
      #35 ( )LBoolean; // <-- 람다가 구현해야 하는 SAM 메소드
          lambda
      #36 invokestatic Example5.lambda$example$35:
        (LServer;)LBoolean;
      #35 ( )LBoolean; // <-- 호출 시에 강제되는 타입
```

예제2의 익명 클래스와 동일하게 컴파일러에 의해 추가됐지만 이번에는 생성자 변수
가 아니라 메소드 인자라는 차이점이 있다.

요약

익명 클래스가 어떻게 새로운 인스턴스를 생성하고 invokespeical을 사용해 생성자
를 호출하는지 알아봤다.

다른 변수들을 감싸는 익명 클래스들은 해당 변수들을 전달받기 위해 생성자에 추가
적인 인자가 존재함을 확인했다.

그리고 어떻게 람다가 invokedynamic 연산을 사용해 타입의 바인딩을 추론하는지 살
펴보고, 특별한 용도의 lambda$ 메소드 핸들이 실제 람다를 나타내기 위해 사용되는
것을 확인했다. 인자가 없는 경우 이 메소드 핸들은 invokestatic을 호출해 진정한 함
수로서 동작하게 된다.

람다는 LambdaMetafactory 클래스를 통해 생성되며 이 경우 그 자체가 invokedyamic
호출의 대상이 된다.

람다에 인자가 존재할 때 LambdaMetafactory에 인자가 전달되는 방법을 봤다. invokestatic은 이전처럼 람다를 실행하는 데 사용된다. 그러나 람다 대신에 사용된 메소드 참조도 살펴봤다. 이 경우 lambda $ 메소드 핸들이 작성되지 않았으며 invokevirtual이 메소드를 직접 호출하는 데 사용됐다.

마지막으로 변수를 감싸는 람다를 살펴봤다. 이 함수는 lambda $ 메소드 핸들에 인수를 만들고 invokestatic으로 다시 호출된다.

부록. 바이트코드

▌ WaitFor

```
package jdk8.byte_code;

class WaitFor {
  static void waitFor(Condition condition) throws InterruptedException {
    while (!condition.isSatisfied())
    Thread.sleep(250);
  }
  static <T> void waitFor(T input, Predicate<T> predicate)
      throws InterruptedException {
    while (!predicate.test(input))
      Thread.sleep(250);
```

```
    }
}
```

▋ 예제1

```java
package jdk8.byte_code;

import static jdk8.byte_code.WaitFor.waitFor;

@SuppressWarnings("all")
public class Example1 {
  // 익명 클래스
  void example() throws InterruptedException {
    waitFor(new Condition() {
      @Override
      public Boolean isSatisfied() {
        return true;
      }
    });
  }
}
```

Classfile Example1.class
Last modified 08-May-2014; size 603 bytes
MD5 checksum 7365ca98fe204fc9198043cef5d241be
Compiled from "Example1.java"
public class jdk8.byte_code.Example1
SourceFile: "Example1.java"
InnerClasses:
#2; // 클래스 jdk8/byte_code/Example1$1
minor version: 0
major version: 52

flags: ACC_PUBLIC, ACC_SUPER
Constant pool:
#1 = Methodref #6.#20 // java/lang/Object." <init>":()V
#2 = Class #21 // jdk8/byte_code/Example1$1
#3 = Methodref #2.#22 // jdk8/byte_code/Example1$1."
<init>":(Ljdk8/byte_code/Example1;)V
#4 = Methodref #23.#24 //
jdk8/byte_code/WaitFor.waitFor:(Ljdk8/byte_code/Condition;)V
#5 = Class #25 // jdk8/byte_code/Example1
#6 = Class #26 // java/lang/Object
#7 = Utf8 InnerClasses
#8 = Utf8 <init>
#9 = Utf8 ()V
#10 = Utf8 Code
#11 = Utf8 LineNumberTable
#12 = Utf8 LocalVariableTable
#13 = Utf8 this
#14 = Utf8 Ljdk8/byte_code/Example1;
#15 = Utf8 example
#16 = Utf8 Exceptions
#17 = Class #27 // java/lang/InterruptedException
#18 = Utf8 SourceFile
#19 = Utf8 Example1.java
#20 = NameAndType #8:#9 // "":()V
#21 = Utf8 jdk8/byte_code/Example1$1
#22 = NameAndType #8:#28 // "":(Ljdk8/byte_code/Example1;)V
#23 = Class #29 // jdk8/byte_code/WaitFor
#24 = NameAndType #30:#31 // waitFor:(Ljdk8/byte_code/Condition;)V
#25 = Utf8 jdk8/byte_code/Example1
#26 = Utf8 java/lang/Object
#27 = Utf8 java/lang/InterruptedException
#28 = Utf8 (Ljdk8/byte_code/Example1;)V
#29 = Utf8 jdk8/byte_code/WaitFor
#30 = Utf8 waitFor
#31 = Utf8 (Ljdk8/byte_code/Condition;)V
{

```
public jdk8.byte_code.Example1();
descriptor: ()V
flags: ACC_PUBLIC
Code:
stack=1, locals=1, args_size=1
0: aload_0
1: invokespecial #1 // 메소드 java/lang/Object."<init>":()V
4: return
LineNumberTable:
line 6: 0
LocalVariableTable:
Start Length Slot Name Signature
0 5 0 this Ljdk8/byte_code/Example1;
void example() throws java.lang.InterruptedException;
descriptor: ()V
flags:
Code:
stack=3, locals=1, args_size=1
0: new #2 // 클래스
jdk8/byte_code/Example1$1
3: dup
4: aload_0
5: invokespecial #3 // 메소드
jdk8/byte_code/Example1$1."<init>":(Ljdk8/byte_code/Example1;)V
8: invokestatic #4 // 메소드
jdk8/byte_code/WaitFor.waitFor:(Ljdk8/byte_code/Condition;)V
11: return
LineNumberTable:
line 10: 0
line 16: 11
LocalVariableTable:
Start Length Slot Name Signature
0 12 0 this Ljdk8/byte_code/Example1;
Exceptions:
throws java.lang.InterruptedException
}
```

▌ 예제2

```
package jdk8.byte_code;

public interface Server {
  Boolean isRunning();
  public class HttpServer implements Server {
    @Override
    public Boolean isRunning() {
      return false;
    }
  }
}


package jdk8.byte_code;

import static jdk8.byte_code.Server.*;
import static jdk8.byte_code.WaitFor.waitFor;

public class Example2 {
  // 익명 클래스(클로저)
  void example() throws InterruptedException {
    Server server = new HttpServer();
    waitFor(new Condition() {
      @Override
      public Boolean isSatisfied() {
        return !server.isRunning();
      }
    });
  }
}
```

```
Classfile Example2.class
Last modified 08-May-2014; size 775 bytes
MD5 checksum 2becf3c32e2b08abc50465aca7398c4b
```

```
Compiled from "Example2.java"
public class jdk8.byte_code.Example2
SourceFile: "Example2.java"
InnerClasses:
 #4; // 클래스 jdk8/byte_code/Example2$1
 public static #27= #2 of #25; // HttpServer=class
클래스 jdk8/byte_code/Server의 jdk8/byte_code/Server$HttpServer
 minor version: 0
 major version: 52
 flags: ACC_PUBLIC, ACC_SUPER
Constant pool:
  #1 = Methodref    #8.#24  // java/lang/Object."<init>":()V
  #2 = Class        #26     // jdk8/byte_code/Server$HttpServer
  #3 = Methodref    #2.#24  //
jdk8/byte_code/Server$HttpServer."<init>":()V
  #4 = Class        #28     // jdk8/byte_code/Example2$1
  #5 = Methodref    #4.#29  //
jdk8/byte_code/Example2$1."<init>":(Ljdk8/byte_code/Example2;Ljdk8/byte_cod
e/Server;)V
  #6 = Methodref    #30.#31 //
jdk8/byte_code/WaitFor.waitFor:(Ljdk8/byte_code/Condition;)V
  #7 = Class        #32     // jdk8/byte_code/Example2
  #8 = Class        #33     // java/lang/Object
  #9 = Utf8         InnerClasses
 #10 = Utf8         <init>
 #11 = Utf8         ()V
 #12 = Utf8         Code
 #13 = Utf8         LineNumberTable
 #14 = Utf8         LocalVariableTable
 #15 = Utf8         this
 #16 = Utf8         Ljdk8/byte_code/Example2;
 #17 = Utf8         example
 #18 = Utf8         server
 #19 = Utf8         Ljdk8/byte_code/Server;
 #20 = Utf8         Exceptions
 #21 = Class        #34     // java/lang/InterruptedException
```

```
#22 = Utf8               SourceFile
#23 = Utf8               Example2.java
#24 = NameAndType        #10:#11 // "<init>":()V
#25 = Class              #35 // jdk8/byte_code/Server
#26 = Utf8               jdk8/byte_code/Server$HttpServer
#27 = Utf8               HttpServer
#28 = Utf8               jdk8/byte_code/Example2$1
#29 = NameAndType        #10:#36 //
"<init>":(Ljdk8/byte_code/Example2;Ljdk8/byte_code/Server;)V
#30 = Class              #37 // jdk8/byte_code/WaitFor
#31 = NameAndType        #38:#39 // waitFor:(Ljdk8/byte_code/Condition;)V
#32 = Utf8               jdk8/byte_code/Example2
#33 = Utf8               java/lang/Object
#34 = Utf8               java/lang/InterruptedException
#35 = Utf8               jdk8/byte_code/Server
#36 = Utf8               (Ljdk8/byte_code/Example2;Ljdk8/byte_code/Server;)V
#37 = Utf8               jdk8/byte_code/WaitFor
#38 = Utf8               waitFor
#39 = Utf8               (Ljdk8/byte_code/Condition;)V
{
public jdk8.byte_code.Example2();
descriptor: ()V
flags: ACC_PUBLIC
Code:
stack=1, locals=1, args_size=1
0: aload_0
1: invokespecial #1 // 메소드 java/lang/Object."<init>":()V
4: return
LineNumberTable:
line 6: 0
LocalVariableTable:
Start Length Slot Name Signature
0 5 0 this Ljdk8/byte_code/Example2;
void example() throws java.lang.InterruptedException;
descriptor: ()V
flags:
```

```
Code:
stack=4, locals=2, args_size=1
0: new #2 // 클래스 jdk8/byte_code/Server$HttpServer
3: dup
4: invokespecial #3 // 메소드
jdk8/byte_code/Server$HttpServer."<init>":()V
7: astore_1
8: new #4 // 클래스 jdk8/byte_code/Example2$1
11: dup
12: aload_0
13: aload_1
14: invokespecial #5 // 메소드
jdk8/byte_code/Example2$1."<init>":(Ljdk8/byte_code/Example2;Ljdk8/byte_cod
e/Server;)V
17: invokestatic #6 // 메소드
jdk8/byte_code/WaitFor.waitFor:(Ljdk8/byte_code/Condition;)V
20: return
LineNumberTable:
line 10: 0
line 11: 8
line 17: 20
LocalVariableTable:
Start Length Slot Name Signature
0 21 0 this Ljdk8/byte_code/Example2;
8 13 1 server Ljdk8/byte_code/Server;
Exceptions:
throws java.lang.InterruptedException
}
```

▌ 예제3

```
package jdk8.byte_code;

import static jdk8.byte_code.WaitFor.waitFor;

public class Example3 {
  // 간단한 람다
  void example() throws InterruptedException {
    waitFor(() -> true);
  }
}
```

Classfile Example3.class
Last modified 08-May-2014; size 1155 bytes
MD5 checksum 22e120de85528efc921bb158588bbaa1
Compiled from "Example3.java"
public class jdk8.byte_code.Example3
SourceFile: "Example3.java"
InnerClasses:
public static final #50= #49 of #53; // Lookup=class
클래스 java/lang/invoke/MethodHanles의 java/lang/invoke/MethodHandles$Lookup
BootstrapMethods:
0: #23 invokestatic
java/lang/invoke/LambdaMetafactory.metafactory:(Ljava/lang/invoke/MethodHan
dles$Lookup;Ljava/lang/String;Ljava/lang/invoke/MethodType;Ljava/lang/invok
e/MethodType;Ljava/lang/invoke/MethodHandle;Ljava/lang/invoke/MethodType;)L
java/lang/invoke/CallSite;
Method arguments:
#24 ()Ljava/lang/Boolean;
#25 invokestatic
jdk8/byte_code/Example3.lambda$example$25:()Ljava/lang/Boolean;
#24 ()Ljava/lang/Boolean;
minor version: 0
major version: 52

```
flags: ACC_PUBLIC, ACC_SUPER
Constant pool:
#1 = Methodref #6.#21 // java/lang/Object."<init>":()V
#2 = InvokeDynamic #0:#26 //
#0:isSatisfied:()Ljdk8/byte_code/Condition;
#3 = Methodref #27.#28 //
jdk8/byte_code/WaitFor.waitFor:(Ljdk8/byte_code/Condition;)V
#4 = Methodref #29.#30 //
java/lang/Boolean.valueOf:(Z)Ljava/lang/Boolean;
#5 = Class #31 // jdk8/byte_code/Example3
#6 = Class #32 // java/lang/Object
#7 = Utf8 <init>
#8 = Utf8 ()V
#9 = Utf8 Code
#10 = Utf8 LineNumberTable
#11 = Utf8 LocalVariableTable
#12 = Utf8 this
#13 = Utf8 Ljdk8/byte_code/Example3;
#14 = Utf8 example
#15 = Utf8 Exceptions
#16 = Class #33 // java/lang/InterruptedException
#17 = Utf8 lambda$example$25
#18 = Utf8 ()Ljava/lang/Boolean;
#19 = Utf8 SourceFile
#20 = Utf8 Example3.java
#21 = NameAndType #7:#8 // "<init>":()V
#22 = Utf8 BootstrapMethods
#23 = MethodHandle #6:#34 // invokestatic
java/lang/invoke/LambdaMetafactory.metafactory:(Ljava/lang/invoke/MethodHan
dles$Lookup;Ljava/lang/String;Ljava/lang/invoke/MethodType;Ljava/lang/invok
e/MethodType;Ljava/lang/invoke/MethodHandle;Ljava/lang/invoke/MethodType;)L
java/lang/invoke/CallSite;
#24 = MethodType #18 // ()Ljava/lang/Boolean;
#25 = MethodHandle #6:#35 // invokestatic
jdk8/byte_code/Example3.lambda$example$25:()Ljava/lang/Boolean;
#26 = NameAndType #36:#37 //
```

isSatisfied:()Ljdk8/byte_code/Condition;
#27 = Class #38 // jdk8/byte_code/WaitFor
#28 = NameAndType #39:#40 // waitFor:(Ljdk8/byte_code/Condition;)V
#29 = Class #41 // java/lang/Boolean
#30 = NameAndType #42:#43 // valueOf:(Z)Ljava/lang/Boolean;
#31 = Utf8 jdk8/byte_code/Example3
#32 = Utf8 java/lang/Object
#33 = Utf8 java/lang/InterruptedException
#34 = Methodref #44.#45 //
java/lang/invoke/LambdaMetafactory.metafactory:(Ljava/lang/invoke/MethodHan
dles$Lookup;Ljava/lang/String;Ljava/lang/invoke/MethodType;Ljava/lang/invok
e/MethodType;Ljava/lang/invoke/MethodHandle;Ljava/lang/invoke/MethodType;)L
java/lang/invoke/CallSite;
#35 = Methodref #5.#46 //
jdk8/byte_code/Example3.lambda$example$25:()Ljava/lang/Boolean;
#36 = Utf8 isSatisfied
#37 = Utf8 ()Ljdk8/byte_code/Condition;
#38 = Utf8 jdk8/byte_code/WaitFor
#39 = Utf8 waitFor
#40 = Utf8 (Ljdk8/byte_code/Condition;)V
#41 = Utf8 java/lang/Boolean
#42 = Utf8 valueOf
#43 = Utf8 (Z)Ljava/lang/Boolean;
#44 = Class #47 // java/lang/invoke/LambdaMetafactory
#45 = NameAndType #48:#52 //
metafactory:(Ljava/lang/invoke/MethodHandles$Lookup;Ljava/lang/String;Ljava
/lang/invoke/MethodType;Ljava/lang/invoke/MethodType;Ljava/lang/invoke/Meth
odHandle;Ljava/lang/invoke/MethodType;)Ljava/lang/invoke/CallSite;
#46 = NameAndType #17:#18 // lambda$example$25:()Ljava/lang/Boolean;
#47 = Utf8 java/lang/invoke/LambdaMetafactory
#48 = Utf8 metafactory
#49 = Class #54 // java/lang/invoke/MethodHandles$Lookup
#50 = Utf8 Lookup
#51 = Utf8 InnerClasses
#52 = Utf8
(Ljava/lang/invoke/MethodHandles$Lookup;Ljava/lang/String;Ljava/lang/invoke

```
/MethodType;Ljava/lang/invoke/MethodType;Ljava/lang/invoke/MethodHandle;Lja
va/lang/invoke/MethodType;)Ljava/lang/invoke/CallSite;
#53 = Class #55 // java/lang/invoke/MethodHandles
#54 = Utf8 java/lang/invoke/MethodHandles$Lookup
#55 = Utf8 java/lang/invoke/MethodHandles
{
public jdk8.byte_code.Example3();
descriptor: ()V
flags: ACC_PUBLIC
Code:
stack=1, locals=1, args_size=1
0: aload_0
1: invokespecial #1 // 메소드 java/lang/Object."<init>":()V
4: return
LineNumberTable:
line 6: 0
LocalVariableTable:
Start Length Slot Name Signature
0 5 0 this Ljdk8/byte_code/Example3;
void example() throws java.lang.InterruptedException;
descriptor: ()V
flags:
Code:
stack=1, locals=1, args_size=1
0: invokedynamic #2, 0 // InvokeDynamic
#0:isSatisfied:()Ljdk8/byte_code/Condition;
5: invokestatic #3 // 메소드
jdk8/byte_code/WaitFor.waitFor:(Ljdk8/byte_code/Condition;)V
8: return
LineNumberTable:
line 10: 0
line 11: 8
LocalVariableTable:
Start Length Slot Name Signature
0 9 0 this Ljdk8/byte_code/Example3;
Exceptions:
```

```
    throws java.lang.InterruptedException
}
```

▌ 예제4

```
package jdk8.byte_code;

import static jdk8.byte_code.Server.HttpServer;
import static jdk8.byte_code.WaitFor.waitFor;

public class Example4 {
// 인자 있는 람다
  void example() throws InterruptedException {
    waitFor(new HttpServer(), (server) -> server.isRunning());
  }
}
```

```
Classfile Example4.class
Last modified 08-May-2014; size 1414 bytes
MD5 checksum 7177f97fdf30b0648a09ab98109a479c
Compiled from "Example4.java"
public class jdk8.byte_code.Example4
SourceFile: "Example4.java"
InnerClasses:
public static #21= #2 of #29; // HttpServer=class
클래스 jdk8/byte_code/Server의 jdk8/byte_code/Server$HttpServer
public static final #65= #64 of #67; // Lookup=class
클래스 java/lang/invoke/MethodHanles의 java/lang/invoke/MethodHanles$Lookup
BootstrapMethods:
0: #32 invokestatic
java/lang/invoke/LambdaMetafactory.metafactory:(Ljava/lang/invoke/MethodHan
dles$Lookup;Ljava/lang/String;Ljava/lang/invoke/MethodType;Ljava/lang/invok
```

e/MethodType;Ljava/lang/invoke/MethodHandle;Ljava/lang/invoke/MethodType;)L
java/lang/invoke/CallSite;
Method arguments:
#33 (Ljava/lang/Object;)Z
#34 invokestatic
jdk8/byte_code/Example4.lambda$example33 : (Ljdk8/bytecode/ServerHttp
Server;)
Z
#35 (Ljdk8/byte_code/Server$HttpServer;)Z
minor version: 0
major version: 52
flags: ACC_PUBLIC, ACC_SUPER
Constant pool:
#1 = Methodref #9.#28 // java/lang/Object."<init>":()V
#2 = Class #30 // jdk8/byte_code/Server$HttpServer
#3 = Methodref #2.#28
//jdk8/byte_code/Server$HttpServer."<init>":()V
#4 = InvokeDynamic #0:#36 //
#0:test:()Ljava/util/function/Predicate;
#5 = Methodref #37.#38 //
jdk8/byte_code/WaitFor.waitFor:(Ljava/lang/Object;Ljava/util/function/Predi
cate;)V
#6 = Methodref #2.#39 //
jdk8/byte_code/Server$HttpServer.isRunning:()Ljava/lang/Boolean;
#7 = Methodref #40.#41 // java/lang/Boolean.booleanValue:()Z
#8 = Class #42 // jdk8/byte_code/Example4
#9 = Class #43 // java/lang/Object
#10 = Utf8 <init>
#11 = Utf8 ()V
#12 = Utf8 Code
#13 = Utf8 LineNumberTable
#14 = Utf8 LocalVariableTable
#15 = Utf8 this
#16 = Utf8 Ljdk8/byte_code/Example4;
#17 = Utf8 example
#18 = Utf8 Exceptions

```
#19 = Class #44 // java/lang/InterruptedException
#20 = Utf8 lambda$example$33
#21 = Utf8 HttpServer
#22 = Utf8 InnerClasses
#23 = Utf8 (Ljdk8/byte_code/Server$HttpServer;)Z
#24 = Utf8 server
#25 = Utf8 Ljdk8/byte_code/Server$HttpServer;
#26 = Utf8 SourceFile
#27 = Utf8 Example4.java
#28 = NameAndType #10:#11 // "<init>":()V
#29 = Class #45 // jdk8/byte_code/Server
#30 = Utf8 jdk8/byte_code/Server$HttpServer
#31 = Utf8 BootstrapMethods
#32 = MethodHandle #6:#46 // invokestatic
java/lang/invoke/LambdaMetafactory.metafactory:(Ljava/lang/invoke/MethodHan
dles$Lookup;Ljava/lang/String;Ljava/lang/invoke/MethodType;Ljava/lang/invok
e/MethodType;Ljava/lang/invoke/MethodHandle;Ljava/lang/invoke/MethodType;)L
java/lang/invoke/CallSite;
#33 = MethodType #47 // (Ljava/lang/Object;)Z
#34 = MethodHandle #6:#48 // invokestatic
jdk8/byte_code/Example4.lambda$example33 : (Ljdk8/bytecode/ServerHttp
Server;)
Z
#35 = MethodType #23 // (Ljdk8/byte_code/Server$HttpServer;)Z
#36 = NameAndType #49:#50 // test:()Ljava/util/function/Predicate;
#37 = Class #51 // jdk8/byte_code/WaitFor
#38 = NameAndType #52:#53 //
waitFor:(Ljava/lang/Object;Ljava/util/function/Predicate;)V
#39 = NameAndType #54:#55 // isRunning:()Ljava/lang/Boolean;
#40 = Class #56 // java/lang/Boolean
#41 = NameAndType #57:#58 // booleanValue:()Z
#42 = Utf8 jdk8/byte_code/Example4
#43 = Utf8 java/lang/Object
#44 = Utf8 java/lang/InterruptedException
#45 = Utf8 jdk8/byte_code/Server
#46 = Methodref #59.#60 //
```

```
java/lang/invoke/LambdaMetafactory.metafactory:(Ljava/lang/invoke/MethodHan
dles$Lookup;Ljava/lang/String;Ljava/lang/invoke/MethodType;Ljava/lang/invok
e/MethodType;Ljava/lang/invoke/MethodHandle;Ljava/lang/invoke/MethodType;)L
java/lang/invoke/CallSite;
#47 = Utf8 (Ljava/lang/Object;)Z
#48 = Methodref #8.#61 //
jdk8/byte_code/Example4.lambda$example33 : (Ljdk8/bytecode/ServerHttp
Server;)
Z
#49 = Utf8 test
#50 = Utf8 ()Ljava/util/function/Predicate;
#51 = Utf8 jdk8/byte_code/WaitFor
#52 = Utf8 waitFor
#53 = Utf8 (Ljava/lang/Object;Ljava/util/function/Predicate;)V
#54 = Utf8 isRunning
#55 = Utf8 ()Ljava/lang/Boolean;
#56 = Utf8 java/lang/Boolean
#57 = Utf8 booleanValue
#58 = Utf8 ()Z
#59 = Class #62 // java/lang/invoke/LambdaMetafactory
#60 = NameAndType #63:#66 //
metafactory:(Ljava/lang/invoke/MethodHandles$Lookup;Ljava/lang/String;Ljava
/lang/invoke/MethodType;Ljava/lang/invoke/MethodType;Ljava/lang/invoke/Meth
odHandle;Ljava/lang/invoke/MethodType;)Ljava/lang/invoke/CallSite;
#61 = NameAndType #20:#23 //
lambda$example33 : (Ljdk8/bytecode/ServerHttpServer;)Z
#62 = Utf8 java/lang/invoke/LambdaMetafactory
#63 = Utf8 metafactory
#64 = Class #68 // java/lang/invoke/MethodHandles$Lookup
#65 = Utf8 Lookup
#66 = Utf8
(Ljava/lang/invoke/MethodHandles$Lookup;Ljava/lang/String;Ljava/lang/invoke
/MethodType;Ljava/lang/invoke/MethodType;Ljava/lang/invoke/MethodHandle;Lja
va/lang/invoke/MethodType;)Ljava/lang/invoke/CallSite;
#67 = Class #69 // java/lang/invoke/MethodHandles
#68 = Utf8 java/lang/invoke/MethodHandles$Lookup
```

```
#69 = Utf8 java/lang/invoke/MethodHandles
{
public jdk8.byte_code.Example4();
descriptor: ()V
flags: ACC_PUBLIC
Code: stack=1, locals=1, args_size=1
0: aload_0 1:
invokespecial #1 // 메소드 java/lang/Object."":()V
4: return
LineNumberTable:
line 9: 0
LocalVariableTable:
Start Length Slot Name Signature
0 5 0 this Ljdk8/byte_code/Example4;
void example() throws java.lang.InterruptedException;
descriptor: ()V
flags:
Code:
stack=2, locals=1, args_size=1
0: new #2 // 클래스 jdk8/byte_code/Server$HttpServer
3: dup
4: invokespecial #3 // 메소드
jdk8/byte_code/Server$HttpServer."<init>":()V
7: invokedynamic #4, 0 // InvokeDynamic
#0:test:()Ljava/util/function/Predicate;
12: invokestatic #5 // 메소드
jdk8/byte_code/WaitFor.waitFor:(Ljava/lang/Object;Ljava/util/function/Predi
cate;)V
15: return
LineNumberTable:
line 13: 0
line 15: 15
LocalVariableTable:
Start Length Slot Name Signature
0 16 0 this Ljdk8/byte_code/Example4;
Exceptions:
```

```
throws java.lang.InterruptedException
}
```

▌ 예제4(메소드 참조 사용)

```
package jdk8.byte_code;

import static jdk8.byte_code.Server.HttpServer;
import static jdk8.byte_code.WaitFor.waitFor;

@SuppressWarnings("all")
public class Example4_method_reference {
  // 메소드 참조를 사용한 람다
  void example() throws InterruptedException {
    waitFor(new HttpServer(), HttpServer::isRunning);
  }
}
```

Classfile Example4_method_reference.class
Last modified 08-May-2014; size 1271 bytes
MD5 checksum f8aef942361f29ef599adfec7a594948
Compiled from "Example4_method_reference.java"
public class jdk8.byte_code.Example4_method_reference
SourceFile: "Example4_method_reference.java"
InnerClasses:
public static #23= #2 of #21; // HttpServer=class
클래스 jdk8/byte_code/Server의 jdk8/byte_code/Server$HttpServer
public static final #52= #51 of #56; // Lookup=class
클래스 java/lang/invoke/MethodHanles의 java/lang/invoke/MethodHanles$Lookup
BootstrapMethods:
0: #26 invokestatic
java/lang/invoke/LambdaMetafactory.metafactory:(Ljava/lang/invoke/MethodHan

```
dles$Lookup;Ljava/lang/String;Ljava/lang/invoke/MethodType;Ljava/lang/invok
e/MethodType;Ljava/lang/invoke/MethodHandle;Ljava/lang/invoke/MethodType;)L
java/lang/invoke/CallSite;
Method arguments:
#27 (Ljava/lang/Object;)Z
#28 invokevirtual
jdk8/byte_code/Server$HttpServer.isRunning:()Ljava/lang/Boolean;
#29 (Ljdk8/byte_code/Server$HttpServer;)Z
minor version: 0
major version: 52
flags: ACC_PUBLIC, ACC_SUPER
Constant pool:
#1 = Methodref   #7.#20        // java/lang/Object."<init>":()V
#2 = Class       #22           // jdk8/byte_code/Server$HttpServer
#3 = Methodref   #2.#20        //
jdk8/byte_code/Server$HttpServer."<init>":()V
#4 = InvokeDynamic #0:#30      //
#0:test:()Ljava/util/function/Predicate;
#5 = Methodref   #31.#32       //
jdk8/byte_code/WaitFor.waitFor:(Ljava/lang/Object;Ljava/util/function/Predi
cate;)V
#6 = Class       #33           //
jdk8/byte_code/Example4_method_reference
#7 = Class       #34           // java/lang/Object
#8 = Utf8        <init>
#9 = Utf8        ()V
#10 = Utf8       Code
#11 = Utf8       LineNumberTable
#12 = Utf8       LocalVariableTable
#13 = Utf8       this
#14 = Utf8       Ljdk8/byte_code/Example4_method_reference;
#15 = Utf8       example
#16 = Utf8       Exceptions
#17 = Class      #35           // java/lang/InterruptedException
#18 = Utf8       SourceFile
#19 = Utf8       Example4_method_reference.java
```

```
#20 = NameAndType #8:#9 // "<init>":()V
#21 = Class #36 // jdk8/byte_code/Server
#22 = Utf8 jdk8/byte_code/Server$HttpServer
#23 = Utf8 HttpServer
#24 = Utf8 InnerClasses
#25 = Utf8 BootstrapMethods
#26 = MethodHandle #6:#37 // invokestatic
java/lang/invoke/LambdaMetafactory.metafactory:(Ljava/lang/invoke/MethodHan
dles$Lookup;Ljava/lang/String;Ljava/lang/invoke/MethodType;Ljava/lang/invok
e/MethodType;Ljava/lang/invoke/MethodHandle;Ljava/lang/invoke/MethodType;)L
java/lang/invoke/CallSite;
#27 = MethodType #38 // (Ljava/lang/Object;)Z
#28 = MethodHandle #5:#39 // invokevirtual
jdk8/byte_code/Server$HttpServer.isRunning:()Ljava/lang/Boolean;
#29 = MethodType #40 //
(Ljdk8/byte_code/Server$HttpServer;)Z
#30 = NameAndType #41:#42 //
test:()Ljava/util/function/Predicate;
#31 = Class #43 // jdk8/byte_code/WaitFor
#32 = NameAndType #44:#45 //
waitFor:(Ljava/lang/Object;Ljava/util/function/Predicate;)V
#33 = Utf8 jdk8/byte_code/Example4_method_reference
#34 = Utf8 java/lang/Object
#35 = Utf8 java/lang/InterruptedException
#36 = Utf8 jdk8/byte_code/Server
#37 = Methodref #46.#47 //
java/lang/invoke/LambdaMetafactory.metafactory:(Ljava/lang/invoke/MethodHan
dles$Lookup;Ljava/lang/String;Ljava/lang/invoke/MethodType;Ljava/lang/invok
e/MethodType;Ljava/lang/invoke/MethodHandle;Ljava/lang/invoke/MethodType;)L
java/lang/invoke/CallSite;
#38 = Utf8 (Ljava/lang/Object;)Z
#39 = Methodref #2.#48 //
jdk8/byte_code/Server$HttpServer.isRunning:()Ljava/lang/Boolean;
#40 = Utf8 (Ljdk8/byte_code/Server$HttpServer;)Z
#41 = Utf8 test
#42 = Utf8 ()Ljava/util/function/Predicate;
```

```
#43 = Utf8 jdk8/byte_code/WaitFor
#44 = Utf8 waitFor
#45 = Utf8 (Ljava/lang/Object;Ljava/util/function/Predicate;)V
#46 = Class #49 // java/lang/invoke/LambdaMetafactory
#47 = NameAndType #50:#53 //
metafactory:(Ljava/lang/invoke/MethodHandles$Lookup;Ljava/lang/String;Ljava
/lang/invoke/MethodType;Ljava/lang/invoke/MethodType;Ljava/lang/invoke/Meth
odHandle;Ljava/lang/invoke/MethodType;)Ljava/lang/invoke/CallSite;
#48 = NameAndType #54:#55 // isRunning:()Ljava/lang/Boolean; #49
= Utf8 java/lang/invoke/LambdaMetafactory
#50 = Utf8 metafactory
#51 = Class #57 //
java/lang/invoke/MethodHandles$Lookup
#52 = Utf8 Lookup
#53 = Utf8
(Ljava/lang/invoke/MethodHandles$Lookup;Ljava/lang/String;Ljava/lang/invoke
/MethodType;Ljava/lang/invoke/MethodType;Ljava/lang/invoke/MethodHandle;Lja
va/lang/invoke/MethodType;)Ljava/lang/invoke/CallSite;
#54 = Utf8 isRunning
#55 = Utf8 ()Ljava/lang/Boolean;
#56 = Class #58 // java/lang/invoke/MethodHandles
#57 = Utf8 java/lang/invoke/MethodHandles$Lookup
#58 = Utf8 java/lang/invoke/MethodHandles
{
public jdk8.byte_code.Example4_method_reference();
descriptor: ()V
flags: ACC_PUBLIC
Code:
stack=1, locals=1, args_size=1
0: aload_0
1: invokespecial #1 // 메소드 java/lang/Object."":()V
4: return
LineNumberTable:
line 7: 0
LocalVariableTable:
Start Length Slot Name Signature
```

```
0 5 0 this Ljdk8/byte_code/Example4_method_reference; void
example() throws java.lang.InterruptedException;
descriptor: ()V
flags:
Code:
stack=2, locals=1, args_size=1
0: new #2 // 클래스
jdk8/byte_code/Server$HttpServer
3: dup
4: invokespecial #3 // 메소드
jdk8/byte_code/Server$HttpServer."<init>":()V
7: invokedynamic #4, 0 // InvokeDynamic
#0:test:()Ljava/util/function/Predicate;
12: invokestatic #5 // 메소드
jdk8/byte_code/WaitFor.waitFor:(Ljava/lang/Object;Ljava/util/function/Predi
cate;)V
15: return
LineNumberTable:
line 11: 0
line 12: 15
LocalVariableTable:
Start Length Slot Name Signature
0 16 0 this Ljdk8/byte_code/Example4_method_reference;
Exceptions:
throws java.lang.InterruptedException
}
```

▌예제5

```
package jdk8.byte_code;

import static jdk8.byte_code.Server.*;
import static jdk8.byte_code.WaitFor.waitFor;
public class Example5 {
  // 클로저
  void example() throws InterruptedException {
    Server server = new HttpServer();
    waitFor(() -> !server.isRunning());
  }
}
```

Classfile Example5.class
Last modified 08-May-2014; size 1470 bytes
MD5 checksum 7dd0f577d4b4b903500264acf9649c30
Compiled from "Example5.java"
public class jdk8.byte_code.Example5
SourceFile: "Example5.java"
InnerClasses:
public static #31= #2 of #29; // HttpServer=class
클래스 jdk8/byte_code/Server의 jdk8/byte_code/Server$HttpServer
public static final #68= #67 of #70; // Lookup=class
클래스 java/lang/invoke/MethodHanles의 java/lang/invoke/MethodHanles$Lookup
BootstrapMethods:
0: #34 invokestatic
java/lang/invoke/LambdaMetafactory.metafactory:(Ljava/lang/invoke/MethodHan
dles$Lookup;Ljava/lang/String;Ljava/lang/invoke/MethodType;Ljava/lang/invok
e/MethodType;Ljava/lang/invoke/MethodHandle;Ljava/lang/invoke/MethodType;)L
java/lang/invoke/CallSite;
Method arguments:
#35 ()Ljava/lang/Boolean; // <-- SAM 메소드의 시그니처 리턴 타입은 람다에 의해
구현돼야 한다
#36 invokestatic

```
jdk8/byte_code/Example5.lambda$example$35:(Ljdk8/byte_code/Server;)Ljava/la
ng/Boolean;
#35 ()Ljava/lang/Boolean; // <-- 시그니처와 반환 타입은 실행 시간에 강제된다
minor version: 0
major version: 52
flags: ACC_PUBLIC, ACC_SUPER
Constant pool:
#1 = Methodref #10.#28 // java/lang/Object."<init>":()V
#2 = Class #30 //jdk8/byte_code/Server$HttpServer
#3 = Methodref #2.#28 //
jdk8/byte_code/Server$HttpServer."<init>":()V
#4 = InvokeDynamic #0:#37 //
#0:isSatisfied:(Ljdk8/byte_code/Server;)Ljdk8/byte_code/Condition;
#5 = Methodref #38.#39 //
jdk8/byte_code/WaitFor.waitFor:(Ljdk8/byte_code/Condition;)V
#6 = InterfaceMethodref #29.#40 //
jdk8/byte_code/Server.isRunning:()Ljava/lang/Boolean;
#7 = Methodref #41.#42 // java/lang/Boolean.booleanValue:()Z
#8 = Methodref #41.#43 //
java/lang/Boolean.valueOf:(Z)Ljava/lang/Boolean;
#9 = Class #44 // jdk8/byte_code/Example5
#10 = Class #45 // java/lang/Object
#11 = Utf8 <init>
#12 = Utf8 ()V
#13 = Utf8 Code
#14 = Utf8 LineNumberTable
#15 = Utf8 LocalVariableTable
#16 = Utf8 this
#17 = Utf8 Ljdk8/byte_code/Example5;
#18 = Utf8 example
#19 = Utf8 server
#20 = Utf8 Ljdk8/byte_code/Server;
#21 = Utf8 Exceptions
#22 = Class #46 // java/lang/InterruptedException
#23 = Utf8 lambda$example$35
#24 = Utf8 (Ljdk8/byte_code/Server;)Ljava/lang/Boolean;
```

```
#25 = Utf8 StackMapTable
#26 = Utf8 SourceFile
#27 = Utf8 Example5.java
#28 = NameAndType #11:#12 // "<init>":()V
#29 = Class #47 // jdk8/byte_code/Server
#30 = Utf8 jdk8/byte_code/Server$HttpServer
#31 = Utf8 HttpServer
#32 = Utf8 InnerClasses
#33 = Utf8 BootstrapMethods
#34 = MethodHandle #6:#48 // invokestatic
java/lang/invoke/LambdaMetafactory.metafactory:(Ljava/lang/invoke/MethodHan
dles$Lookup;Ljava/lang/String;Ljava/lang/invoke/MethodType;Ljava/lang/invok
e/MethodType;Ljava/lang/invoke/MethodHandle;Ljava/lang/invoke/MethodType;)L
java/lang/invoke/CallSite;
#35 = MethodType #49 // ()Ljava/lang/Boolean;
#36 = MethodHandle #6:#50 // invokestatic
jdk8/byte_code/Example5.lambda$example$35:(Ljdk8/byte_code/Server;)Ljava/la
ng/Boolean;
#37 = NameAndType #51:#52 //
isSatisfied:(Ljdk8/byte_code/Server;)Ljdk8/byte_code/Condition;
#38 = Class #53 // jdk8/byte_code/WaitFor
#39 = NameAndType #54:#55 //
waitFor:(Ljdk8/byte_code/Condition;)V
#40 = NameAndType #56:#49 // isRunning:()Ljava/lang/Boolean;
#41 = Class #57 // java/lang/Boolean
#42 = NameAndType #58:#59 // booleanValue:()Z
#43 = NameAndType #60:#61 // valueOf:(Z)Ljava/lang/Boolean;
#44 = Utf8 jdk8/byte_code/Example5
#45 = Utf8 java/lang/Object
#46 = Utf8 java/lang/InterruptedException
#47 = Utf8 jdk8/byte_code/Server
#48 = Methodref #62.#63 //
java/lang/invoke/LambdaMetafactory.metafactory:(Ljava/lang/invoke/MethodHan
dles$Lookup;Ljava/lang/String;Ljava/lang/invoke/MethodType;Ljava/lang/invok
e/MethodType;Ljava/lang/invoke/MethodHandle;Ljava/lang/invoke/MethodType;)L
java/lang/invoke/CallSite;
```

```
#49 = Utf8 ()Ljava/lang/Boolean;
#50 = Methodref #9.#64 //
jdk8/byte_code/Example5.lambda$example$35:(Ljdk8/byte_code/Server;)Ljava/la
ng/Boolean;
#51 = Utf8 isSatisfied
#52 = Utf8 (Ljdk8/byte_code/Server;)Ljdk8/byte_code/Condition;
#53 = Utf8 jdk8/byte_code/WaitFor
#54 = Utf8 waitFor
#55 = Utf8 (Ljdk8/byte_code/Condition;)V
#56 = Utf8 isRunning
#57 = Utf8 java/lang/Boolean
#58 = Utf8 booleanValue
#59 = Utf8 ()Z
#60 = Utf8 valueOf
#61 = Utf8 (Z)Ljava/lang/Boolean;
#62 = Class #65 // java/lang/invoke/LambdaMetafactory
#63 = NameAndType #66:#69 //
metafactory:(Ljava/lang/invoke/MethodHandles$Lookup;Ljava/lang/String;Ljava
/lang/invoke/MethodType;Ljava/lang/invoke/MethodType;Ljava/lang/invoke/Meth
odHandle;Ljava/lang/invoke/MethodType;)Ljava/lang/invoke/CallSite;
#33 = Utf8 BootstrapMethods
#34 = MethodHandle #6:#48 // invokestatic
java/lang/invoke/LambdaMetafactory.metafactory:(Ljava/lang/invoke/MethodHan
dles$Lookup;Ljava/lang/String;Ljava/lang/invoke/MethodType;Ljava/lang/invok
e/MethodType;Ljava/lang/invoke/MethodHandle;Ljava/lang/invoke/MethodType;)L
java/lang/invoke/CallSite;
#35 = MethodType #49 // ()Ljava/lang/Boolean;
#36 = MethodHandle #6:#50 // invokestatic
jdk8/byte_code/Example5.lambda$example$35:(Ljdk8/byte_code/Server;)Ljava/la
ng/Boolean;
#37 = NameAndType #51:#52 //
isSatisfied:(Ljdk8/byte_code/Server;)Ljdk8/byte_code/Condition;
#38 = Class #53 // jdk8/byte_code/WaitFor
#39 = NameAndType #54:#55 //
waitFor:(Ljdk8/byte_code/Condition;)V
#40 = NameAndType #56:#49 // isRunning:()Ljava/lang/Boolean;
```

```
#41 = Class #57 // java/lang/Boolean
#42 = NameAndType #58:#59 // booleanValue:()Z
#43 = NameAndType #60:#61 // valueOf:(Z)Ljava/lang/Boolean;
#44 = Utf8 jdk8/byte_code/Example5
#45 = Utf8 java/lang/Object
#46 = Utf8 java/lang/InterruptedException
#47 = Utf8 jdk8/byte_code/Server
#48 = Methodref #62.#63 //
java/lang/invoke/LambdaMetafactory.metafactory:(Ljava/lang/invoke/MethodHan
dles$Lookup;Ljava/lang/String;Ljava/lang/invoke/MethodType;Ljava/lang/invok
e/MethodType;Ljava/lang/invoke/MethodHandle;Ljava/lang/invoke/MethodType;)L
java/lang/invoke/CallSite;
#49 = Utf8 ()Ljava/lang/Boolean;
#50 = Methodref #9.#64 //
jdk8/byte_code/Example5.lambda$example$35:(Ljdk8/byte_code/Server;)Ljava/la
ng/Boolean;
#51 = Utf8 isSatisfied
#52 = Utf8 (Ljdk8/byte_code/Server;)Ljdk8/byte_code/Condition;
#53 = Utf8 jdk8/byte_code/WaitFor
#54 = Utf8 waitFor
#55 = Utf8 (Ljdk8/byte_code/Condition;)V
#56 = Utf8 isRunning
#57 = Utf8 java/lang/Boolean
#58 = Utf8 booleanValue
#59 = Utf8 ()Z
#60 = Utf8 valueOf
#61 = Utf8 (Z)Ljava/lang/Boolean;
#62 = Class #65 // java/lang/invoke/LambdaMetafactory
#63 = NameAndType #66:#69 //
metafactory:(Ljava/lang/invoke/MethodHandles$Lookup;Ljava/lang/String;Ljava
/lang/invoke/MethodType;Ljava/lang/invoke/MethodType;Ljava/lang/invoke/Meth
odHandle;Ljava/lang/invoke/MethodType;)Ljava/lang/invoke/CallSite;
#64 = NameAndType #23:#24 //
lambda$example$35:(Ljdk8/byte_code/Server;)Ljava/lang/Boolean;
#65 = Utf8 java/lang/invoke/LambdaMetafactory
#66 = Utf8 metafactory
```

```
#67 = Class #71 //
java/lang/invoke/MethodHandles$Lookup
#68 = Utf8 Lookup
#69 = Utf8
(Ljava/lang/invoke/MethodHandles$Lookup;Ljava/lang/String;Ljava/lang/invoke
/MethodType;Ljava/lang/invoke/MethodType;Ljava/lang/invoke/MethodHandle;Lja
va/lang/invoke/MethodType;)Ljava/lang/invoke/CallSite;
#70 = Class #72 // java/lang/invoke/MethodHandles
#71 = Utf8 java/lang/invoke/MethodHandles$Lookup
#72 = Utf8 java/lang/invoke/MethodHandles
{
public jdk8.byte_code.Example5();
descriptor: ()V
flags: ACC_PUBLIC
Code:
stack=1, locals=1, args_size=1
0: aload_0
1: invokespecial #1 // 메소드
java/lang/Object."<init>":()V
4: return
LineNumberTable:
line 6: 0
LocalVariableTable:
Start Length Slot Name Signature
0 5 0 this Ljdk8/byte_code/Example5;
void example() throws java.lang.InterruptedException;
descriptor: ()V
flags:
Code:
stack=2, locals=2, args_size=1
0: new #2 // 클래스
jdk8/byte_code/Server$HttpServer
3: dup
4: invokespecial #3 // 메소드
jdk8/byte_code/Server$HttpServer."<init>":()V
7: astore_1
```

```
8: aload_1
9: invokedynamic #4, 0 // InvokeDynamic
#0:isSatisfied:(Ljdk8/byte_code/Server;)Ljdk8/byte_code/Condition;
14: invokestatic #5 // 메소드
jdk8/byte_code/WaitFor.waitFor:(Ljdk8/byte_code/Condition;)V
17: return
LineNumberTable:
line 10: 0
line 11: 8
line 12: 17
LocalVariableTable:
Start Length Slot Name Signature
0 18 0 this Ljdk8/byte_code/Example5;
8 10 1 server Ljdk8/byte_code/Server;
Exceptions:
throws java.lang.InterruptedException
}
```

| 찾아보기 |

에이콘출판의 기틀을 마련하신 故 정완재 선생님 (1935-2004)

자바 람다 배우기

람다에 대해 이해하고 활용하기

발　행 | 2017년 8월 18일

지은이 | 토비 웨슨
옮긴이 | 조 승 진

펴낸이 | 권 성 준
편집장 | 황 영 주
편　집 | 조 유 나
디자인 | 박 주 란

에이콘출판주식회사
서울특별시 양천구 국회대로 287 (목동)
전화 02-2653-7600, 팩스 02-2653-0433
www.acornpub.co.kr / editor@acornpub.co.kr

한국어판 ⓒ 에이콘출판주식회사, 2017, Printed in Korea.
ISBN 979-11-6175-037-8
ISBN 978-89-6077-210-6 (세트)
http://www.acornpub.co.kr/book/java-lambdas

이 도서의 국립중앙도서관 출판시도서목록(CIP)은 서지정보유통지원시스템 홈페이지(http://seoji.nl.go.kr)와
국가자료공동목록시스템(http://www.nl.go.kr/kolisnet)에서 이용하실 수 있습니다.(CIP제어번호: CIP2017019733)

책값은 뒤표지에 있습니다.